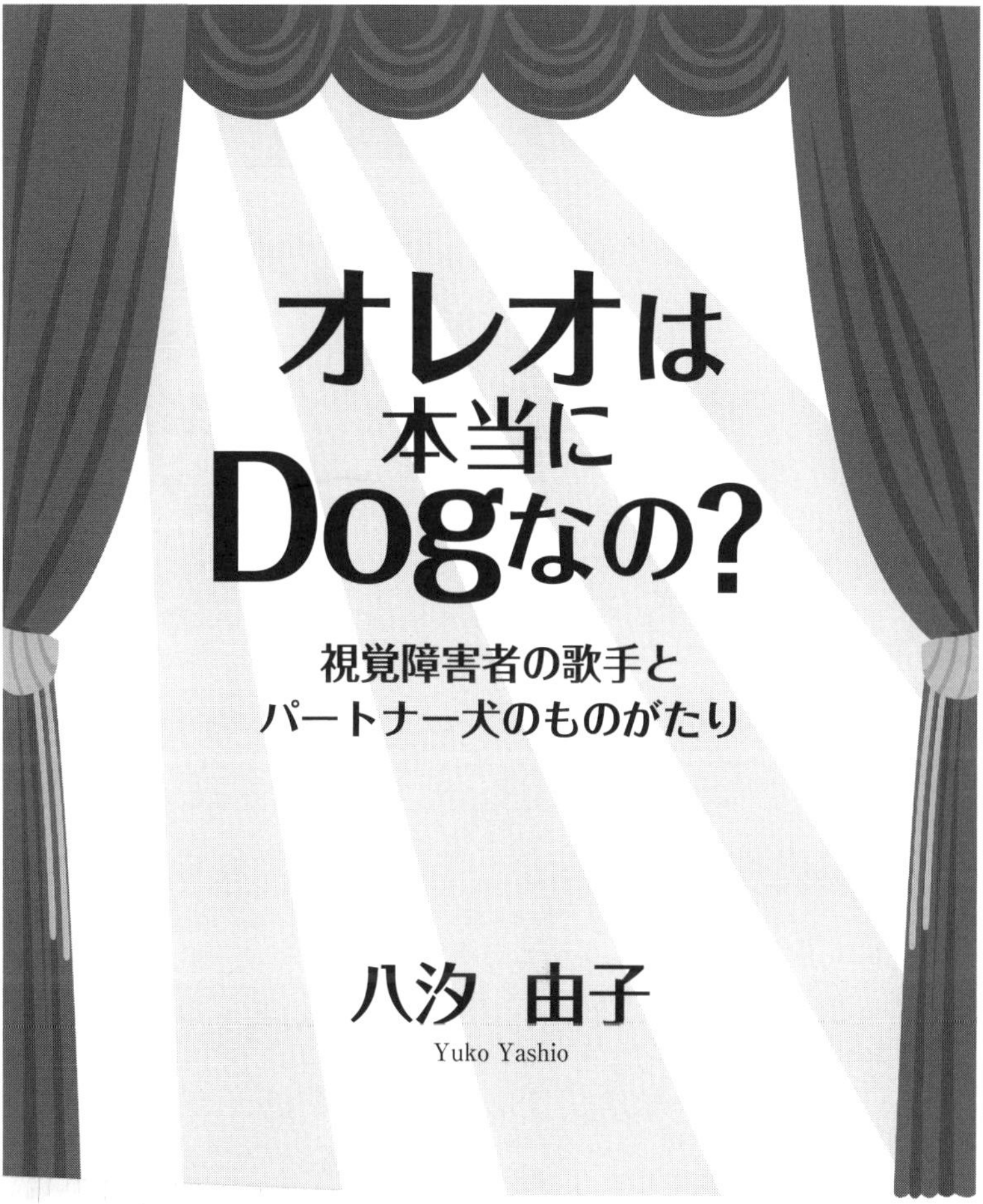

オレオは本当にDogなの?

視覚障害者の歌手とパートナー犬のものがたり

八汐 由子
Yuko Yashio

風土社

もくじ

CAFE

ぐっ!!

イラストレーション　アシュリー千帆
装丁・レイアウト　田中保行
カバー写真提供
生後2ヵ月のオレオ　後藤良和・敬子
（オレオのパピーウォーカー）

1

オレオとわたしの楽しい日々

オレオとわたしは、もう10年近く、
パートナーとして一緒に暮らしています。
オレオは高齢になったので、今では盲導犬としては
引退し、気楽な日々をわたしと過ごしています。
でもこうなるまでには、いろいろなことがありました。
まずその日々を振り返ってみようと思います。

オレオちゃん、よろしく――出会いの日のこと

オレオについて書きたいことは山ほどあるのですが、まずは彼女（オレオは雌犬ですから）との出会いの日からはじめましょうね。

わたし八汐《やしお》由子《ゆうこ》（本名：矢野由美子）は、歌手です。１９７１年にデビューしましたがうまくいかず、'74年に再起をかけて読売テレビの「全日本歌謡選手権」に挑戦。そこで幸運にも10週連続で勝ち抜き、第35代のチャンピオンになることができました。その審査委員長であった船村徹先生の弟子になり、再デビュー。しかし持病の網膜色素変性症（はじめ暗いところが見えにくくなり、その後視野狭窄がすすみ、ゆっくり病状が進行していく病気）が悪化して、そのままの状態では歌手活動が難しくなりました。そして周囲の方々のすすめもあり、２００５年に日本盲導犬協会に盲導犬の貸与をお願いしました。

今、貸与と書きましたが、盲導犬は日本盲導犬協会から無償でお借りするのです。

盲導犬を希望する目の不自由な方は多く、3年待ち、5年待ちも珍しくないのですがわたしの場合、申し込んでから2年半で日本盲導犬協会から「協会に来てください」と知らせがきました。それからちょっと時間をおき、6月に候補犬と会えることになりました。

わたしは最初「雄で、白くて、イケメンのワンちゃんがいいな」と考え、係りの方にもそうお伝えしていたのです。

当日、わたしが協会の3階の部屋で待っているとドアが開いて、候補犬が入ってきました。わたしは「まあ、かわいい！　名前、

何というのですか？」と尋ねました。「オレオです」と訓練士さん。わたしが「オレオちゃん」と呼びかけたら、彼女は、椅子に座っているわたしが膝の上で重ねた手にあごを乗せて、じっとわたしを見つめます。頭をなでながらわたしは「オレオは、神様がわたしにくださった贈り物だわ」と思いました。この日は6月4日。母の34回目の祥月命日《しょうつきめいにち》だったということも、なにかの〝縁〟を感じさせました。オレオは黒い雌のラブラドール・レトリーバーで、わたしの希望とは違うのですが、そんなことは忘れていました。

こうした様子を見ていた訓練士さんも、「これならＯＫだ」と判断されたようです。ユーザー（利用者をこう呼びます）と盲導犬にも、相性が存在するからです。そのためにも、また人と犬との共同生活がスムーズに運ぶためにも、協会は、ユーザーがどんな人かを知っておく必要があります。その調査もかねて、訓練士さんは何回もわが家に足を運んでくださいました。犬を訓練していればいいーというだけではないのです。だからユーザーと盲導犬のお見合いにも、訓練士さんはずいぶん気を遣われるそうです。

そしてこのお見合いが大成功だったことを、わたしはすぐに実感することになります。

オレオはわたしと対話ができる！

わたしはどういうわけか独身です(笑)。だからオレオの貸与が決まったということは、オレオとの二人暮らし（こんな言い方はしないのでしょうが、わたしにとっては自然な言葉なので）がはじまったということです。そしてすぐ「なんて賢い子なんだろう」と感嘆しました。でも「オレオは本当にわたしと対話ができるんだ！」と確信したのは、こんなことがあってからです。二人暮らしが2年半くらいになったある日の午後でした。

部屋で腹ばいになったわたしと、胸を床につけたオレオは向き合い、互いの顔を見ていました。わたしはオレオの片方の前脚を両手で包むようにしていました。「オーちゃん…」と、わたしは話しかけます。わたしは一日中オレオに話しかけているのです。

「アーちゃんはね…。このごろこんなこと、考えているのよ」。〝アーちゃん〟は、オレオと話すとき、わたしが自分を指して言う一人称です。「オーちゃんも10歳くらいになったら、リタイアしなければならないよね。そのときね…」。盲導犬は一般的に、10歳前後で引退するのです。

「リタイアしても、アーちゃんはオーちゃんを手放したくないの。ずーっとオーちゃんと暮らしたいのだけど、そうするとお金もかかるし大変なのよ。それにアーちゃんが年を取ると、オーちゃんの面倒をちゃんと見られなくなるかもしれないし。だから、わたしとオーちゃんを愛して、オーちゃんをかわいがってくれる男の人を探そうかな、なんて考えることもあるのよ…」。そう言ったとき、オレオは横を向きました。それがどんな意味かは、そのときのわたしにはわからなかったのです。

続けて、わたしは独り言。「それともね、これから一生懸命頑張って、歌で売れるようになって、うんとお金を儲けて——そうしたら車も買えるから、オーちゃんと一緒にどこにでも出かけられるからね。そういうのも、いいね」。するとオレオはわたしの手の上に乗せていた前脚で、わたしの手をぎゅっとすごい力で押しつけたのです。彼女が手を握ることができたら、必ずそうしていたでしょう。そういう感じでぎゅっと押

しました。まるで「そうよ、そういう暮らしがしたいのよ！」と言うように。
「そうなんだ。オーちゃんはそういう気持ちなのね。わかったわ。アーちゃん、頑張るからね」。そう言いつつ、なんだか涙がにじんできました。そしてオレオの気持ちがわかるのと同時に、ショックも感じていました。
「オレオはわたしと対話ができるんだ！ オレオは相談に応えてくれるんだ！ でもこんなことって、本当なのかしら」と。
今でもこの日のことは忘れません。それからわたしは、オレオを心から信頼しています。オレオが5歳のあの日の午後から、ずーっと。

わたしの大揺《おおゆ》れ人生

オレオがこの本の主役ですが、わたしと彼女のいきさつを理解していただくために、ユーザーであるわたし八汐由子の浮き沈みの激しい人生を、書いておきましょう。

本名は矢野由美子。大分市のはずれの海辺の育ちです。父母は戦前、満州（現東北地方）で暮らし、戦後引き揚げてきたのでかなり苦労しています。その苦労時代にわたしは生まれました。銀行員だった父は戦後建築業に転向。仕事一筋の人でした。母は、おとなしいけれど芯が強く、歌が好き。一家は父母、姉と弟、わたしの5人暮らしでした。

わたしは小さいときから歌が大好き。小学生時代、担任の先生からピアノを教わり、いっそう音楽にはまりました。勉強もまあまあできて、高校は進学校として知られた県立大分舞鶴高校に入学。そしてある歌謡教室に通うようになり、歌手になる決意をしたのです。

歌謡教室ではお腹から声を出すクラシックの歌唱法を習い、鍛えられました。それで基礎は身についたのですが、歌謡曲的な色気に乏しく、そのことを後年船村徹先生からはよく指摘されたものです。歌手になるというわたしの希望を母は理解し、応援もしてくれました。で、高校卒業と同時に上京。働きつつ歌を習い、1971年に東宝レコードからデビューしましたが、鳴かず飛ばずで終わってしまったのです。

悶々としていた1974年、ルームメートがわたしの名で読売テレビの「全日本歌謡選手権」に応募。この番組で10週連続勝ち抜き、審査委員長だった船村徹先生の門下になりました。

そしてコロムビアに入りましたが、いろいろな社内事情でスムーズに運ばず、船村先生のお計らいで直接ご指導を受け、1975年『さよならの旅』『枯葉色の街』で再デビュー。でも1977年、さまざまなことがあって歌手活動をやめてしまったのです。今思えば、本当に世間知らずだったのですね。それから8年、1985年に再び船村先生のもとに戻りました。今度はクラウンレコードから『やすらぎめぐり逢い』をリリース。その後テイチクレコードから『燈籠舟』『蝉時雨』『雨月』などを世に出しました。

けれどもこのころから網膜色素変性症が悪化。歌手活動が困難になって、周囲の方々のおすすめもあり、盲導犬の貸与を決意。そして2005年、公益財団法人日本盲導犬協会に貸与を申請しました。このように盲導犬との関わり合いができる中で、盲導犬の数が足りない現状と、その育成には多額の費用と長い時間がかかることを知り、以降、すべてのわたしのコンサートは「盲導犬育成チャリティーコンサート」にしています。

2008年、前に書いたようにオレオ（2006年生まれ）と出会い、二人暮らしをはじめ、コンサートにも一緒に出るようになりました。そのオレオも今は10歳を超え、盲導犬をリタイア。わたしと楽しく暮らしている——というわけです。

母とオレオ

前に書いたように１９７４年、「全日本歌謡選手権」でわたしは10週連続勝ち抜きましたが、この選手権は、予選で勝ち抜くのも大変だったのです。それができたとき、わたしは公衆電話で大分の母に報告しました。「母ちゃん、受かったよ！　１００人以上来ちょったんよ。うちひとり受かったんや」と。母は「えーっ、そげんことかぇ、よかったなぁ！」と喜んでくれました。優勝者にはペアでヨーロッパ旅行招待がありましたから、もし優勝したら母と行きたいと思ってそのことを尋ねると、「うーん、行きたいな」と小さく答えました。それが母の声を聞いた最後です。この電話が6月2日の夜のこと。翌々日の4日の午前1時ごろに、母は45歳で急死しました。わたしは呆然とするばかりでした。

それから34年後の２００８年6月4日、わたしの前に現れたのがオレオだったのです。母の祥月《しょうつき》命日《めいにち》です。たぶん母が、天国からわたしに贈ってくれたのでしょう。

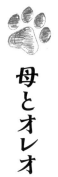

ひばりさん、最晩年のレコーディング

この2ページだけ、オレオと関係のないことを書きますが、お許しください。美空ひばりさんの最晩年のレコーディングを拝見した経験を書きたいのです。1987年、長い入院生活から退院されたひばりさんが、10月に復帰第一作を吹き込まれることになりました。作曲が船村徹先生、作詞が星野哲郎先生です。わたしはレコーディングを拝見したくてたまりません。でもそんな大それたことをお願いするなんて、と迷った末に、勇気を出して先生にお願いし、「邪魔にならないよう、隅っこにいろよ」とお許しを得ました。

当日、先生方の後ろからくっついて行ったわたしは、氷やお茶運びをしていました。やがてブルーグレーのパンツルックのひばりさんが登場。テストが1回、それから本番です。「ビーッ」とベルが鳴り、イントロ。

と、ギターの名手、斉藤功さんがちょっとミスをしました。それほどの緊張感が、スタジオ全体を支配していたのです。別室にいた船村先生やわたしにも、その緊張感は伝わってきました。そのとき船村先生は小さく、けれど優しく、「コンニャロ」と笑いながらつぶやかれました。バックのバンドは斉藤さんをはじめほとんどが、船村先生の息のかかった方々です。先生のみなさんへの愛情が感じられるつぶやきでした。そしてもう一度イントロ。カラオケではなく、実際にオーケストラを従えての、一発勝負の吹込みです。

ひばりさんは、直立不動の姿勢でお歌いになりました。微動だにもしませんでした。そして歌い終わり、静かにスーッとお帰りになりました。わたしは感激で口もきけませんでした。

これはわたしにとって忘れられない思い出です。曲は『みだれ髪』です。

共同訓練の日々

日本盲導犬協会では、申請や面談を済ませた視覚障害者は、パートナーとなる盲導犬と一緒に約2〜4週間、共同訓練を行います。わたしとオレオの場合は、横浜市港北区の神奈川訓練センターで行いました。宿泊しての訓練です。

わたしたちユーザーの部屋は2階です。朝は6時に起きて6時半にオレオにご飯を食べさせます。専用のドッグフードです。7時から私たちの朝食を1階の食堂で。そのとき、オレオも連れていきます。そして9時半くらいから屋内の訓練。

盲導犬への命令は全部英語です。何かを命じて、それがちゃんとできたら、その都度「グッド」とほめます。「シット」が(座れ)、「ダウン」が(伏せ)、「カム」が(来い)、「ヒール」が(人の左につけ)、「ウェイト」が(待て)です。これらが基本的なコマンド(命令)で、それができるたびに「グッド」です。

もちろん外を歩く訓練もしっかり行います。ふつうの道は当然、駅の中、地下道なども一緒に歩き、踏切を渡る訓練もします。一緒に呼吸を合わせなければ、難しいところを歩けません。段差があるところではオレオは止まって、「段差ですよ」とわたしに知らせます。わたしは「グッド」とほめてから、自分のつま先で段差を確認して「オッケー、ゴー」。

道を歩いていて、角にきたらオレオは一度止まります。それで「グッド」。信号を確認したら「ゴー」。つねに確認して「グッド」です。あるとき信号のところで「ゴー」と言ってもオレオが行かないことがありました。訓練士さんに「どうしたんでしょうか?」と訊くと、「今、考えています」とのこと。「へー、犬も考えるんだ」と思ったものです。

もちろん排泄の訓練も重要です。排泄を「ワンツー」と呼び、「ワン」がおしっこ、「ツー」がうんちなのですが、実はオレオはこれがうまくなくて困りました。粗相をするというのではなく、なかなか出ないのです。それについては後で述べます。

こうして訓練を終え、2008年7月4日、オレオの貸与が正式に決まりました。

盲導犬のこと、あれこれ

今、盲導犬を知らない人は、ほとんどいないでしょう。その姿も、多くの人が電車内や駅、あるいは道路で見ていると思います。でも盲導犬がどういう仕事をしているのか、視覚障害者にとってどれほど大切な存在かは、見ただけではなかなか実感できないのではないでしょうか。そこでわたしが、盲導犬について少し書いてみます。ひとりでも多くの方に盲導犬について知っていただきたいからです。また、盲導犬に接したときに、どうすればいいのかを知っていただきたいからでもあります。

まず、盲導犬はむやみに吠えません。子犬時代、パピーウォーカーというボランティアの方のお宅で大切に育てられ、人が好きになり、そのあと、訓練士の指導を受けながらしつけもしていくからです。

そして盲導犬は、ユーザーと一緒に外を歩くなどの仕事中は、白い胴輪をつけています。この胴輪は「ハーネス」といい、とても大切なものです。盲導犬の動きは、ハーネスを通してユーザーに伝わるからです。ハーネスがどう動いたかで、ユーザーはどこに角があるか、段差があるかなどがわかるのです。またハーネスをつけているのは、「今、仕事中です」という合図です。なのでそのときは、話しかけたり、触ったりしないでくださいね。

盲導犬がハーネスをつけてユーザーと歩いているときは、他の犬に興味があっても、ユーザーの指示に集中できるように訓練されています。ですからワンちゃんを連れている方は、こういうときには、そっとしておいていただけるとありがたいのです。

また盲導犬は地図が読めるわけではないですから、ユーザーが地図をイメージして、進む方向を指示します。わたしも最初はそうしていましたが、そのうちオレオはとても優れた方向感覚を持っているのではないか、と思いはじめました。わたしには、1度通った道は必ずおぼえているとしか思えないほどです。

一般の方は、盲導犬というととてもおりこうな犬だと思われているかもしれません

が、そういうことではなく、盲導犬に向いた犬、つまり盲導犬の「適性がある犬」だと、専門家の方は言われます。人が好きで、人と一緒に作業をするのが大好きな犬なのです。むろんそうではない犬もたくさんいるわけで、そういう犬を無理に盲導犬にすることはありません。

わたしが思う、もっとも素晴らしい盲導犬の特徴は、「盲導犬は目の不自由な人のパートナーになれる」ということです。わたしのケースが、まさにそれです。オレオのおかげでわたしの人生は明るくなりましたし、歌手も続けていられるのです。

心から謝らないと、許してくれないオレオ

オレオとは長く一緒に暮らしているので、お互いに相手の考え、どうしてほしいのかは手に取るようにわかります。でもはじめのころはそうはいきません。戸惑うこともありました。わたしが忘れられないのは、オレオのプライドの高さを痛感させられたときのことです。

共同訓練で訓練士さんから口酸っぱく言われたのは、「叱らないでください」ということでした。盲導犬はほめて育てていくので、感情的に叱っても犬には伝わらないからです。そうと知ってはいても、つい頭に来てしまうことはありますよね。そのとき、何が原因だったのか、またわたしがどうオレオを叱ったのか、正確にはおぼえていませんが、たぶんきつい言葉で怒ったのでしょう。家の中ではなく、外でのことだったはずです。

言った瞬間に「アッ、いけない」と思いました。そして「こんなことしちゃ、いけないのよ」

と優しく言い直したのです。とはいえ、心の中ではまだ怒っていました。しかし表情は、にこやかに切り替えました。そして一緒に歩いて、うちのマンションにつき、20センチくらいの段差を上がって玄関を入ろうとしたのです。けれどオレオは、動かない。「オレオちゃん、おいで」と言ってもダメです。4つの脚を踏ん張って動こうとしないのです。

そこで「ああ、怒っているんだわ」と気がつきました。わたしはていねいに、人に謝るように「オレオちゃん、ごめんね。怒ったりして悪かったね」と謝罪しました。そして「上がってくれる？」と頼みました。オレオはそれでやっと段差を上がってくれたのです。それからは何ごともなく（とわたしは思っていました）、オレオの身体を拭き、ブラッシングをしてその日は終わりました。

翌朝、ベランダで洗濯物を干していたわたしが、「オレオちゃん」と呼びかけましたが、そっぽを向いていています。身体はこちらを向いていますが、目は伏せて、わたしを見ないようにしています。昨日の件だな、と気づいたので、「まだ怒っているの？」と訊きました。相変わらずそっぽを向いたままです。それでわたしは、人に謝罪するように、ベランダで正座をし、両手をついて深々と頭を下げました。土下座ですね。そして「オレオちゃん、ごめんなさい。申し訳ありませんでした」と心から謝ったのです。

するとオレオは、しっぽを振って近づいてきて、頬ずりしてくれました。やっと許してくれたのです。「そうか」とわたしは納得しました。「オレオを犬だなんて思っちゃいけない。違うんだ。パートナーなのだ」と。その後もこれに似たことは何回かありました。オレオはプライドを傷つけられることを許さない、誇り高いパートナーなのです。

オレオとわたしの朝

どの家庭にも決まった朝の習慣があるように、わたしとオレオの朝も、判で押したように毎日同じです。起きるのは6時ごろ。本当はワンツー（排泄）が最初ですが、オレオの場合はこれがスムーズにいかないことが多く、はじめは困りました。でもその前に、お互いに頭をつけてぐりぐりっとやり、「好き、好き」と言うのが習慣。これを忘れているとオレオは催促します。

それからオレオの朝ご飯。オレオ専用のドッグフードです。食べた後は、歯磨き。犬用の歯ブラシも売っていますが、わたしは使いません。手をきれいに洗ってから、指を口にじかに入れて奥歯と前歯を磨きます。それから200CCの水に獣医さんに教わったお薬を1滴入れ、それにカット綿を浸して絞り、さっとひと拭きします。かなり強い薬ですから、これでOKです。

犬って、口が臭いことが多いですよね。でもオレオは毎日わたしが磨いているので、歯周病が全然ないから、まったく臭いません。

それからは消毒した布で、目のあたりをていねいに拭いて、目やにを取ります。オレオは気持ちよさそうです。そして耳のお掃除。こうして「キレイキレイ」になったら、「はい、OK。大丈夫よ」と言ってあげます。

このようにオレオの食事とお化粧が済んでから、わたしの朝食です。お母さんが赤ちゃんの世話をするのと同じような気持ちで、毎朝わたしはオレオに接しています。

「オーちゃん」と「アーちゃん」

日本盲導犬協会では、その犬がどの母犬の子犬で、どの血統かをすぐに判断できるように、アルファベットで血統や情報を管理しています。そういう理由でオレオの兄弟（雌犬も含みます）は、すべて「O」からはじまっています。ですから「オーロラ」とか「オンリー」という名前がつけられています。

わたしは一緒に暮らしはじめて1～2カ月は、「オレオちゃん」と呼んでいました。でもそのあとは「オーちゃん」になりました。オレオは訓練士さんたちから「クールなオーちゃん」と呼ばれていたらしく、それにならったのです。パピーさんも、「オーちゃん」と呼んでいたと、話してくださいました。

そしてわたしがオレオに話しかけるとき、自分のことを「アーちゃん」と言っています。なぜ「アーちゃん」なのかには、わたしなりの理由があるのです。

前に書いたようにわたしは船村徹先生の弟子なので、船村家には始終お邪魔していました。先生のお宅では、先生の奥様のお母様を「アーちゃま」とお呼びしていました。その語感がとてもいいなと思っていたので、何となく自分を「アーちゃん」にしたのです。もちろんオレオ以外には使いませんよ。

そういうわけで、今日もわたしは「オーちゃん、アーちゃん」を連発しながら、オレオに一日中話しかけているのです。

「ワンツー」ではひと苦労

盲導犬に限らず犬を飼うとき、排泄のしつけは大事です。盲導犬のしつけでは、おしっこ、うんちをさせる場合、「ワンツー」と声をかけて行います。わたしは共同訓練でそのことを初めて知りました。ところがオレオは、そのワンツーが上手じゃないのです。してはいけないところでしてしまうような悪い習慣があるのではなく、なかなかできないのです。便秘症だったのではないでしょうか。

このことは共同訓練のときからわかっていて、心配していました。果たしてうちに来て最初の日、その日は訓練士さんも夜8時ごろまでいらっしゃったのですが、その間オレオはワンツーをしないのです。訓練士さんはお帰りになり、やがて10時になりましたが、それでもしません。しかたなく訓練士さんに電話したら、そんな時間なのにわざわざいらしてくださいました。そのとき50センチ×70センチくらいの訓練センターにあった人工芝を持参されました。オレオはその上で、やっとワンだけをしたのです。

ワンツーは外ではさせず、家のベランダでするようにしつけるのですが、オレオの場合、これがなかなかうまくいきません。一緒に「ワンツー、ワンツー」と言いながらベランダを回るのです。その間にオレオはもよおしてくるはずなのですが、スムーズにいかないことが多く、困りました。

育ての親のパピーさんにうかがっても、やはり子犬のころからワンツーは苦手だったようですね。

盲導犬の場合、排泄をするときはハーネスの後ろ、腰のところにビニール製の袋をつけさせます。これは「ワンツー袋」。犬用のトイレがあるわけではないので、室内などでも排泄物を床に落とさずできるように、袋をつけさせるわけです。通行の邪魔にならないところでワンツーをさせ、排せつ物を袋に落とさせます。袋にはあらかじめ凝固剤を入れていますから、すぐに固まります。それを捨てるのです。

それでも年月がたつうちに、ワンツーの苦労はなくなりました。

うれしいオレオ、悲しいオレオ

オレオがうれしいとき、悲しいときにどんな姿を見せるか、ご紹介します。

【うれしいとき】

「オーちゃん、美人ね！」なんて言うと、
しっぽをバンバン振って大喜びです。

マッサージが終わったときはノビをして
気持ちよさそう。甘えるときや
親愛の情を示すときもこうします。

【悲しいとき】

お留守番だとわかると、察して
「一緒に行けないの？」と言うように
じーっとわたしを見て、悲しそうな顔をします。

わたしが落ち込んでいると、
わたしの手にあごを乗せ、心配そうに顔を見ます。

どうしよう、オレオがいない！

オレオが姿を消してしまったことが、2度あります。1度目は下でわたしを待ち、ワンツーをしたので問題はなかったのですが、2度目は本当に消えてしまったのです。わたしは驚き、心配し、パニックになってしまいました。

真夜中にオレオが玄関に走ったので、「お腹が痛くなって緊急事態かな」と思い、支度をして、ドアをあけました。するとオレオはビューッと飛び出していきました。1度目はそれでも一緒に戻ってきたので、今回もそうだと思って、わたしは下に降りました。そして「オレオ、オレオ」と呼びました。オレオには、いつも小さなカウベルを首につけさせています。呼べばそれがチリンチリンと鳴って居場所がわかるのですが、その音もしない。「倒れたのかしら」と心配になりました。

部屋に戻っても姿がありません。また通りに出て「オレオ、オレオ」と呼び続けました。

心臓がどきどきしてきました。すると向こうから、親子連れが歩いて来たのです。「黒いラブラドールを見なかったでしょうか？」。ただならぬ様子に同情してか、「一緒に探してあげよう」と言ってくれました。そしてみんなで「オレオ、オレオ」と呼び、探し続けたのです。

30分ほどたったころ、「アッ、あそこにいる！」と子どもの声。それほど遠くないところにある電柱のそばにいたようです。「ありがとうございました。ありがとうございました」。わたしは何度も頭を下げました。するとお父さんはこう言ったのです。「息抜きをしていたんだね」と。この一言をそのときは何となく聞き流していて、すぐに意識はオレオのほうに向かいました。彼らが連れてきてくれたオレオは、人の気も知らないでしっぽをビュンビュン振っています。「わあ、喜んでいますよ」と親子連れ。「ありがとうございます」とわたし。それからマンションまで送っていただきました。

部屋に戻り、「オーちゃんが死んだと思ったよ。怖かったのよ。もうあんなことはしないでね」と言い聞かせました。そして寝かせるために足を拭き、雑巾を持ったとたんです。わたしは自分でも思いがけない行動をとりました。「何で帰ってきてくれなかったのよ、何で！」と言って雑巾をお風呂場に投げつけたのです。もう止まりません。そこにあったドッグフードの袋も、大切なピアノに向かって投げつけました。「息抜きをしてたんだよ」のあの一言がよみがえってきたからです。「こんなに心配したのに！」。わたしはボロボロ泣きながら椅子に座っていました。するとオレオがそっと近づいてきて、「アーちゃん、ごめんなさい」という顔でわたしを見つめるのです。「悪いことをしちゃった」と思っていたのでしょうね。

ホッケ事件

　オレオが来てまだ数カ月のころ。オレオのせいではないのですが、わたしは脚を骨折していました。つまずいて転んだのです。それでも買い物に行き、スーパーで肉厚のおいしそうなホッケを買ってきました。それを大きなお盆に乗せ、そのあたりに置いておいたのです。すると携帯に電話がかかったのでそれに出て話していたら、何だかカチャカチャ音がします。見るとオレオが頭から食べちゃっていました。わたしの晩の楽しみはパーです。

　ふつうならそのあたりに置かず、ちゃんとしまうのですが、つい電話の置いてあるほうに行ってしまったのです。それより心配なのは、オレオがお腹をこわさないかということ。翌朝、オレオは健康そうなうんちをしましたし、そこからホッケの臭いがしました。その臭いで、「ああ、大丈夫だったわ」と、わたしは安心したのです。

しっぽの振り方いろいろ

オレオのしっぽの振り方は多彩です。微妙に振り分けて、「こう感じているのよ」と教えてくれます。

【ビュンビュン振る】

「賢いね、オーちゃん」などと
ほめられたときは、当たると痛いほど
しっぽをビュンビュン振ります

【床をしっぽでバンバンたたく】

わたしが「あれ、オーちゃんどこにいるの？」と
探していると、しっぽで床をバンバンたたいて、
居場所を教えます。

【先っぽだけ、ピッピッと振る】

「オーちゃん、あんたすごいわね」などと持ち上げると、
しっぽを立て、先っぽだけをピッピッと振ります。
「いえ、それほどでも…」という感じ。

【しっぽをUの字に】

何かを訊かれて、返事が「NO」のときは、しっぽを下げ、
「U」の字型にして左右に振ります。「いやよ」という意味です。

オレオの時間感覚

わたしとオレオの生活は、かなり規則正しいと思います。朝は6時に起きて、その後、何時に何をするのか、ほとんど決まっています。外出する日はそうはいきませんが、家にいるときは時間割通りです。

で、オレオの夕食は午後5時という決まりになっています。最初からそう決めたのではなく、いつの間にかそうなりました。オレオは時計を見て時間を知るわけではないはずですが、夕食の時間は絶対に忘れません、理由はテレビです。わたしはテレビをしっかり観られるほどの視力を持っていませんが、時計がわりにつけています。そしてこの時間は何をつけているかというと『相棒』です。

『相棒』が終わると5時だと、オレオは知っています。それまでオレオは奥にいたり、ベランダにいたりしていますが、『相棒』が終わるころは、必ずわたしのそ

ばに来ます。寝ていてテレビなんか観ていないことも多いのですが、『相棒』がもう終わりそうだというのはわかるのです。そう、エンディングの音楽をおぼえているからです。後で書きますがオレオはメロディーをおぼえることができるワンちゃんなので、エンディングテーマを聴き分けるなんて、お茶の子さいさいなのでしょう。

そんなオレオですから、もし道などで水谷豊さんに会ったら、どんな反応をするのでしょうか。見ることができたら、楽しいでしょうね。

おばあちゃんじゃないのよ！

女性はいくつになっても、若く見られるとうれしいですよね。オレオも女性なので、その点にはとても敏感です。４年前のこと、友人が「オレオちゃんはいくつになったの？」と尋ねたので、「８歳よ」と答えました。すると彼女は「あら、もうおばあちゃんね」と言ったのです。わたしは内心「余計なことを！」と思いました。やはりオレオはご機嫌を損じ、しっぽを下げたのです。これは気にいらない

ことの意思表示。

で、わたしは注意しました。「おばあちゃんなんて言わないで、熟女と言ってよ」と。するとと友人はオレオに「ごめんね、オーちゃん、熟女なのね」と言い直したのです。そうしたらオレオはしっぽを振りました。「熟女」の意味はわからなくても、「おばあちゃん」よりいい言葉だと想像したのでしょうね。

そして昨年。やはり誰かが「いくつですか?」と訊きました。「11歳」と答えたとたん、オレオが私の腕を鼻でドンと突いたのです。かなりの強さでした。ふだんはそんなことをしません。例えばドッグフードをねだるときは、鼻でちょんちょんとするだけです。あの突き方は、「言わないで!」ということなのです。何でわかるのでしょうね。とても不思議に思います。

今のオレオは年齢のせいで、眉のあたりに白い毛が混じっています。以前は全身真っ黒だったのですが。お腹も少し白くなっています。それこそ、あのお菓子の「オレオ」のように、黒の中に白が挟まってきています。少しさびしい…。

ユーザーが第1

オレオは一昨年、10歳で盲導犬をリタイアしました。ふつうはここでお別れになるのですが、でもわたしはオレオを手放す気になれず、日本盲導犬協会にお願いしたところ、健常者と同居するのならという条件で、引き続きオレオと暮らすことを認めていただきました。そこで姉に頼み、一緒に暮らしてもらうことになりました。

その姉があるとき、「オーちゃんは、あんたが1番やね」と言いました。これは盲導犬として長年生活してきたオレオにとっては、当然のことです。どの盲導犬でも、「ユーザーが第1」という意識を強く持っています。どんな人の言うことでも聞いてしまうようでは、ユーザーをサポートできないからです。でもそれはそれとして、いろいろな面でわたしを助けてくれる姉には、いつも感謝しています。今ではワンツー袋も、姉がつくってくれていますし…。

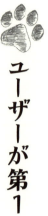

雪が好き

唱歌の『雪』の歌詞に「犬は喜び　庭かけまわり」とあるように、オレオも雪が大好き。ラブラドール・レトリーバーの原産地はカナダだそうですから、なおのことかもしれません。雪が降って積もった朝、「オーちゃん、雪だよ！」と言って外に出すと、パーッと走って行きます。まだ少し見えたころは、わたしもその後を追いかけたものです。

それなのに寒がりで、ストーブのある家に行くとそのそばをはなれません。わたしが思わず「猫かぇ、あんたは！」と大分弁で言ってしまうほどです。

雪が好きなのはいいのですが、その上で「ワン」（おしっこ）をしたがるのは、どういうわけでしょうか。特に雪が降った後、道路わきなどに除雪された雪が山のようになっていますね。あそこに登ってしたがるのです。レディとは思えない変な習性です。

指示は英語で

盲導犬の場合、犬への命令、指示（コマンド）は、すべて英語でします。なぜ英語かというと、言葉が短く明確で犬にとってわかりやすいからです。それに日本語だと、ついいろいろな表現をしたり、人によって言い方が違ったりして、犬が混乱するからです。例えば「座れ」の場合。日本語だと「座れ」「お座り」「座って」など人それぞれで、言い方が微妙に違ってきます。犬は、何が何だかわからなくなってしまうのです。でも英語なら「シット」と簡単で、犬には理解しやすい。誰が「座れ」と命じても、言葉は「シット」だけなので、混乱することがありません。基本的な単語を紹介しておきます。

○「ヒール」→左につけ。盲導犬は原則としてユーザーの左側に位置することに決められています。その位置につけ、という意味です。歩くときも座るときも左側です。

○「シット」→座れ。
○「カム」→来い。おいで。
○「ダウン」→日本語で言う「伏せ」です。後脚をたたみ、お腹を床に着けて、前脚を前にに出した姿勢です。
○「グッド」→正しい、これでよい。命じられたことがちゃんとできたら、こうほめます。
大事なのはこの「グッド」です。何かを命じ、それができたらすぐに「グッド」とほめなくてはなりません。例えば階段があることを立ち止まってユーザーに知らせたら、すぐに「グッド」です。階段を昇り切って、ちょっと歩いてから「グッド」と言っても、犬は何をほめられたのか、理解できませんから。ほめ言葉であると同時に、教える言葉でもあります。

わたしの場合は、つねに日本語で話しかけ、その間に英語の指示を出している感じですね。「オーちゃん、ヒール。あ、階段ね、グッド、グッド」という具合でしょうか。

今ではオレオは、大分弁もわかっています。

その日のスケジュールを伝えます

オレオの賢さは、共同訓練のころから実感していましたが、一緒に暮らしはじめてその感をさらに強くしました。「一を聞いて十を知る」とまでは言いませんが、とにかく半端じゃない頭脳と感性の持ち主です。

「そんなこと、あるわけない」と思われるでしょうが、わたしはオレオが、彼女なりの計画性を持っているように思います。

と言うのは、突然何かをされるのが嫌いだからです。わたしが何も言わずにいきな

り外に連れて行き、車に乗せるようなことをすると、明らかに不機嫌になります。

だからわたしは、その日に何か予定があると、朝、そのことをオレオに話すようにしています。本書のスタッフとは何回も打ち合わせをしましたが、わたしはそのたびにオレオに「今日は、出版社の人たちと打ち合わせに目白に行くのよ」と話しました。ある日、その打ち合わせの帰りに、カラオケ教室で教える仕事が入っているのを、オレオに言っておくのを忘れました。目白からはいつもバスで帰るので、オレオはバス停に行こうとします。「そうじゃなくて、電車で行くのよ」と言ってから、カラオケ教室へ行くのを言い忘れたのに気がつきました。オレオはご機嫌斜めで動きません。謝ったら、やっと電車の駅のほうに歩いてくれましたが…。

それほどスケジュール管理には厳しいオレオです。だから「今日はお風呂に行ってきれいにするんだよ。車で行くから、おとなしくしていてね」「さあ、これから3日間、オーちゃんの好きな大分に行くよ。飛行機に乗るんだぞ」など、必ずその日のスケジュールを伝えるようにしているのです。

食べ物とお薬

何度か書いたように、オレオの食事は専用のドッグフードとプレーンヨーグルトだけです。人間でも頭の良い子は往々にして身体が弱いことがありますが、オレオにもそういう雰囲気がありました。うちに来て2年半くらい、つまり5歳くらいまでは、しょっちゅう獣医さんに連れて行っていました。

そして獣医さんといろいろ相談し、まずドッグフードを変えてみようということになりました。こういうことについて、わたしは結構探求心が強いのです。いろいろ試し、専門家にも聞いて、試行錯誤の末、今のドッグフードにたどりつきました。それまでオレオは、若いくせにあまりスタミナがなく、始終べたべた座ったり、寝ていたりしたのです。でもドッグフードを変え、いいと思えるものを2種類混ぜて与えるようになってから、お陰さまでそれまでのようにすぐお腹をこわすことがなくなりました。

プレーンヨーグルトのほうは、お医者様のすすめによるものです。

それでもいつも身体に気を配っている必要があり、わたしは専門家にいろいろ聞いて、特別な常備薬を服用させています。だいたい犬は、薬を飲まされるのを嫌います。だから獣医さんは大きく口をあけさせ、のどの奥にお薬を放り込み、直後に口をふさいで犬が呑み込んでしまうようにしてお薬を与えます。でもわたしはそれがかわいそうに思えて、ふつうに口をあけさせ、飲ませていました。

ところがところが、賢いオレオは、飲んだふりをしていたのです。飲んだふりをして口の奥に隠しておき、わたしが目をはなしたすきに吐き出していました。あるとき部屋で、足の裏に何か小さなものが当たるので、そのあたりを探したら、その小さな粒、つまりお薬がかなり見つかったのです。「オレオでしょ!」。わたしは真剣に怒りました。オレオも自分が悪いと知っていて、頭を下げ、鼻先を床につけてしおらしく出てきました。それ以降、お薬をちゃんと飲むようになったのです。

手術にも我慢づよく耐えました

犬もがんになります。そいう兆候がオレオにも出た時期があり、本当に心配でした。左のお尻のところに腫瘍ができ、だんだん大きくなって親指くらいになったので、当然病院行きです。前に行った病院では全身麻酔をして手術をするということだったので、心臓の負担を考えてお断りし、局部麻酔で手術できるとおっしゃる先生にお任せすることにしたのです。東向島の横尾動物病院です。

その病院に行こうと車に乗って、何となくオレオの脚を触っていたら、変な感触がありました。右前脚に米粒くらいの腫瘍ができています。ふつうの人なら気がつかないような、小さな腫瘍です。後で「トリマーさんでも気がつかないだろう」と言われました。病院で先生はお尻の腫瘍と、それからおっぱいの脇にある腫瘍をまず手術するとおっしゃいました。前脚の腫瘍については「これは別物らしい。検査しよう」との診断です。

そしていよいよ手術。オレオが手術を嫌がるそぶりを見せたので、わたしはこう言い聞かせました。「オーちゃん、行っておいで。神様にお願いしているから、大丈夫だからね」と。オレオは覚悟を決めて（そのはずです）、2階の手術室に上がって行きました。

手術の間、わたしは涙がとまりません。20分ほどすると、看護師さんがおりてきて、「大丈夫ですよ、もうすぐです」と言ってくれました。終わって「痛がりませんでしたか？」と先生にうかがうと、「さすが盲導犬は違うね。ピクリとも動かなかったよ」とのこと。「それでも1回だけ『ウッ』と言ったな。それだけだよ。じっと立っていた」。「ウッ」と言ったのは、たぶんかなり痛かったからでしょうね。

手術は成功でした。お尻の腫瘍も、おっぱいの脇の腫瘍も良性だったのです。お尻は10針縫ったのだとか。心の底からホッとしました。そして前脚の腫瘍ですが、これも検査の結果、良性とわかりました。もともとラブラドール・レトリーバーは、腫瘍ができやすいのだそうです。本当にわたしをハラハラさせてくれるオレオです。

枕をして寝ています

ラブラドール・レトリーバーに限らず大型犬は、頭も大きくできています。その頭の重みで頸椎を痛めることが多いようです。オレオと一緒に生活しはじめ、何回か獣医さんに診てもらうようになって、そう気がつきました。それでお医者さんと相談して、特別に太い首輪をつくっていただきました。これをつけるようになって、それまでよりシャンとしたように思います。

そんなせいもあったと思うのですが、オレオは来たときから暇さえあればゴロゴロしたり、寝ていることが多いワンちゃんでした。ちょっと心配になって訓練士さんに「何だか、寝てばかりいるような気がするのですが…」とこぼすと、「ラブラドールは、瞬発力には優れていますが、エネルギーが長続きしないのです。だからエネルギーを貯められるときは貯めるようにしているので、心配ないですよ」と言われ

ました。

そして寝るのが好きなだけでなく、寝るときには枕をほしがります。いつも何かしら布を丸めて、枕にして寝ています。座布団など、「腕がついているのじゃないかしら」と感心するほど上手に二つに折って、それを枕に寝るのです。専用の枕を与えたこともありましたが、爪でひっかくので、ボロボロになってしまいました。人間のように横向きになって、枕をして寝ているのを見ると、思わず笑ってしまいます。真っ黒ですから、寝ている様子はまるで人間の子どものようです。

パピーさんに感謝です

盲導犬は、生後2カ月から1歳までの10カ月間を、パピーウォーカーというボランティアの家庭で育てられます。わたしたちは、「パピーさん」と呼んでいます。子犬はパピーさん一家の愛情につつまれて育ち、人間が好きなって成長していきます。

パピーさんは、子犬にいろいろな経験をさせます。外を歩かせたり、車に乗せたり。人間との生活がスムーズにいくようにです。わたしと本書のスタッフは先日、オレオのパピーさんだった後藤さんの奥様に、子犬時代のオレオのことをうかがってきました。

オレオは来たときから、「手のかからない子でした」と後藤さん。パピーウォーカーになった動機は、当時小学校5年生だった女の子と、2年生だった男の子が、「犬を飼いたい」と言ったからだそうです。今は大学生の弟さんは、そのころ犬が大嫌いだっ

たそうで、面白いですね。
オレオは、本当に吠えない子犬だったそうです。外に出たとき、他の犬が吠えたり、しっぽを振って遊びたがったりしても、相手にならなかったとか。来たときは生後2カ月なので6kgくらい。かわいかったでしょうね。家族の中で一番の仲良しだったのはご長男。小学校から帰って来る時間には、ベランダから下を眺めて待っていたそうです。
少し驚いたのが、オレオも結構いたずらをしたということ。トイレットペーパーをカラカラ回して、そこらじゅうをトイレットペーパーだらけにしたり、玄関にある靴を咥えてボロボロにしたり。一方で、あまり遊ばない子犬でもあったようです。投げられたボールを咥えて戻って来る遊びも、1回するともう興味を示さなかった、ということです。笑ったのは、奥様がご長男を叱ったりするとオレオはテーブルの下に姿を隠し、その状況が終わるまで待っていた、という話。「わたし、関係ないし…」という感じだったそうです。

オレオに限らず犬は、その集団で誰が一番偉いのかに敏感です。オレオも例外ではなく、ご主人の言うことには絶対に従ったと、奥様はおっしゃいます。そう言えば何年か前、わたしのコンサートにご一家をお招きしたとき、ご主人が楽屋に見えたら、オレオは大はしゃぎしました。あんなオレオを見たことがありません。それだけ後藤さんご一家と暮らした日々は、オレオにとって素晴らしい思い出なのでしょうね。

盲導犬を必要とする視覚障害者にとって、パピーウォーカーはとても大切な方々です。でも今、そのなり手が少なくなっているのだとか。どうかパピーさんになってくださる方が増えるように、祈らずにはいられません。

2

お出かけはいつも
オレオと一緒

盲導犬の第一の使命は、ユーザー（利用者＝つまり、わたし）の目になり、その歩行を助けること。
でもわたしにとってオレオはそれ以上の存在、人生のパートナーです。
そんなオレオとわたしは、どこに行くのも一緒です。
一歩外に出たら、オレオは全力でわたしを守ってくれます。

頭の中に地図がある?

盲導犬はユーザーの目となって、安全に目的地に行けるよう、ハーネスを通して誘導します。そうすることで、ユーザーに角、段差、障害物などを教えます。盲導犬がそういうことを教えてくれるので、ユーザーは地図を思い浮かべることができるようになるのです。こういう基本的な仕事を、オレオはとてもしっかりやってくれます。

オレオと一緒に歩いていてしばしば驚

かされるのは、彼女が実によく道を知っていることです。家の周囲の地図なら、わたしよりくわしいのではないかと、感じてしまうほどです。

オレオが来てすぐに、このことに気づきました。わたしの住んでいるあたりは、単純な道ばかりではありません。かなり入り組んだところもあります。でもオレオはいつの間にか、そうした地図をおぼえ込んでいたみたいです。だから一緒にいると、まるで親しい人と歩いているような気にさせられます。

一般的に犬は、道を歩きながらいわゆるマーキングをします。でも盲導犬はマーキングをしない訓練をしているので、オレオもそういうことはしません。

彼女が来て間もなく、こんなことがありました。あるところから家に帰ったのですが、オレオは家が建てこんでいる狭い道をどんどん歩いて行きます。「オーちゃん、どこに行くのよ」。私は心配になりました。でもそこを抜けると、いつもの通りに出たのです。「オーちゃん、何でわかるの？」。わたしは何度も訊いたものです。

1度行ったら、忘れません

寒い日でした。わたしの家からの最寄り駅は大江戸線の落合南長崎駅ですが、そのときはどういうわけか、オレオと西武池袋線の東長崎駅の近くにいました。わたしは「寒いなぁ。あそこのカフェでコーヒーでも飲みたいわね」と思いました。それを独り言のようにつぶやいたのでしょうね。そう口に出したと考えなければ、それからのオレオの行動の説明がつきませんので…。

オレオはそれまで家に帰る方向に歩いて

いたのに、突然くるっと回って、家のほうとはまったく違う方向に歩き出したのです。それもわき目もふらずにチャッチャッチャッと。「オーちゃん、帰るんじゃないの？」と訊いても、どんどん歩いていきます。わたしには初めての道です。バス停にして3つか4つの停留所分も歩いたでしょうか。気がつくと、何と、わたしが行きたいと思っていたカフェの前に来ていました。「えーっ！　あんた、どうしてわかるの？」。わたしは心底ビックリしました。

そのカフェには、前に1度だけ行ったことがありました。わたしはそれに驚いたわけではありません。オレオは1度行ったところをおぼえていると思っていますから。

そうではなく、本当は、「あのカフェに行きたい」と自分で口に出したおぼえがない。そのことに驚いたのです。でも最初に申し上げたように、おそらく口に出したのでしょう。そうでなければ、オレオは読心術ができる犬、ということになってしまいます。いや実はわたしは、「もしかしたらオレオは…」と疑っているのです（笑）。

乗物、何でもＯＫです

オレオと暮らしはじめ、一緒に電車に乗るようになって気づいたことがあります。オレオと電車に乗ると、車内の空気がさっと変わるのです。それまでお互い無関心で、バラバラに「彼らとはたまたま同じ車両に乗り合わせたのにすぎない」という感じでいた乗客の間に、盲導犬という存在に対する関心が共通してぱっと湧きあがり、それによって車内の空気が和やかになるのです。みんなの関心はオレオに集中します。

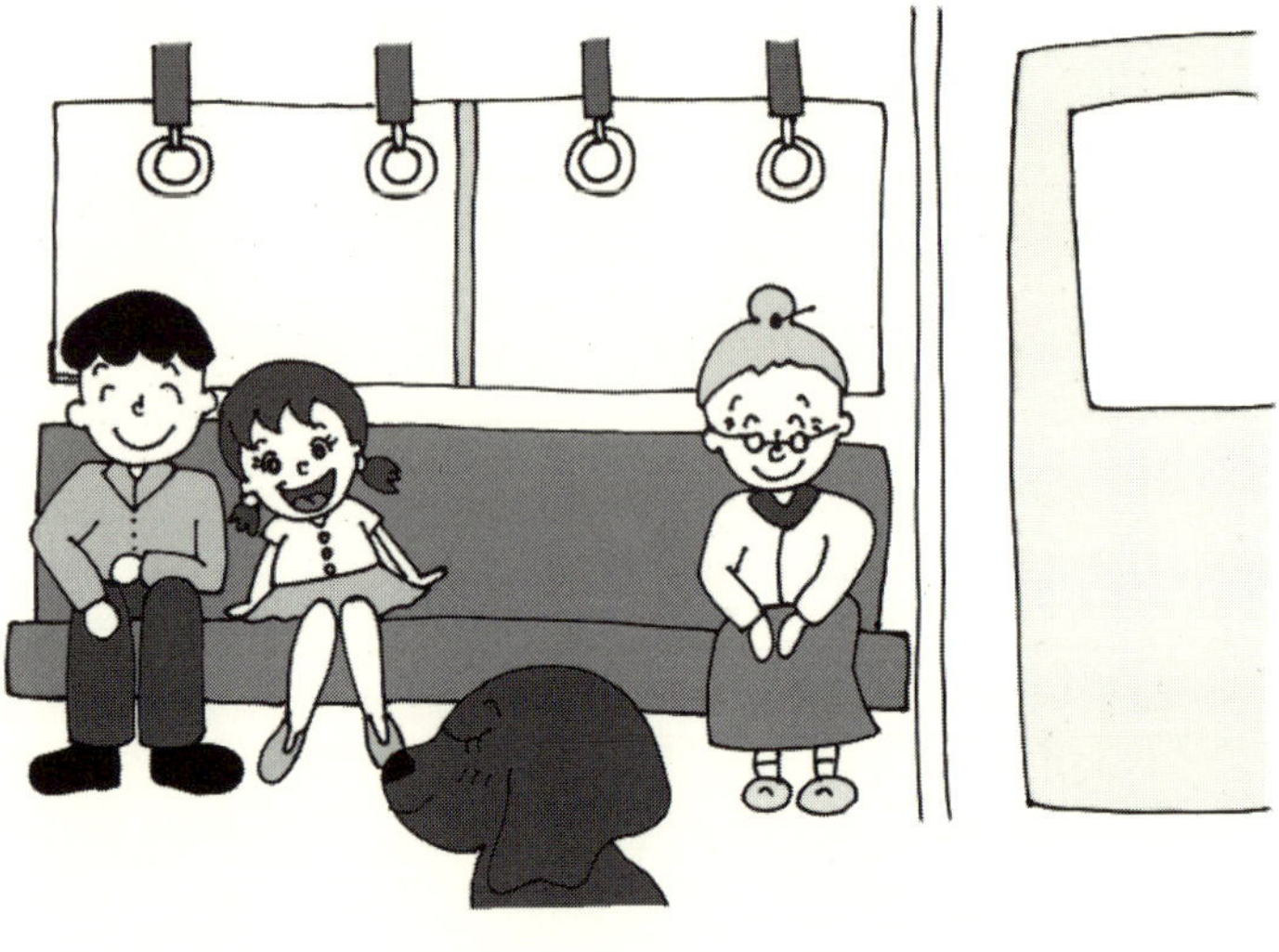

オレオもまたそれを意識して、ちょっとおすましましています。そう、オレオが乗客の間に優しい空気をかもしだす――これは盲導犬だけができる、素晴らしいことではないでしょうか。

オレオは電車に限らず、どんな乗物に乗っても動じないし、その乗り場、乗り方に精通しています。例えばエレベーター。駅で降りて、「エレベーター・ドア」と言えば、ちゃんとエレベーターまで連れて行ってくれますし、「エスカレーターを探して」と頼むと、エスカレーターまで案内し、わたしをうまく乗せ、自分も上手に乗ります。

もちろんバスに乗るのも大丈夫。「オーちゃん、今日はバスで行くよ」と言えば、バス停をちゃんとおぼえていますから、信号を渡って連れて行きます。犬は信号がわからないので、あらかじめ車が停まったり、人が行ったりしたら、行ってもいいと教えておくのです。

「今日はタクシーで行こうね」と言うと、家の前の通りでタクシーを見つけます。けっしてバス停には向かいません。タクシーと言えば、オレオと初めてタクシーに乗ったときを、今でも思い出します。運転士さんは盲導犬を乗せたのが初めてだったらしく、さかんに「噛みつかないでしょうね」と念を押します。「わたしは噛みつくけど、この子は噛みつきませんよ」と答えました。オレオがおとなしく、床にダウンしているととても感心したみたいで、「すごいですね」を連発します。あまり後ろばかりに気を取られているので、「運転士さん、危ないから前を向いて運転してね」と頼んだほどでした。

わたしはオレオと一緒にどこにでも出かけます。東京以外のところでも、コンサートなどがあるからです。この前は大阪に行きました。オレオとの大阪行きは初めてです。品川から新幹線に乗り、新大阪につきました。オレオはそれまで大阪に来たことはありません。こういう初めてのところを歩くとき、オレオはサッサッサと歩きます。リズミカルな歩行をするのです。新大阪のホームから出て、地下道を歩くときもサッサッサ。これが家の近くの慣れた駅だと、てれてれ歩くのですから、面白いですね。

オレオは飛行機も慣れたもの。ちなみにふつうの犬は飛行機に乗るとき、ケージに入れて貨物室預かりになりますが、盲導犬はユーザーと同伴して客席にいることが、法律で認められています。

オレオの捨《す》て目・捨《す》て耳

外に出たときのオレオは、しょっちゅう周囲をきょろきょろと見まわしています。好奇心が強いからでしょうが、それだけではなく、情報収集をしているのだと思います。

「捨て目・捨て耳」という言葉があるそうですね。いつも周囲に気を配り、自分には関係のなさそうなことでも、目の隅でとらえておく。聞き流すのではなく、耳にとめておく。それが思いがけないところで役に立つ。——そういう意味だそうです。オレオがしているのが、まさにこれじゃないでしょうか。

そういう努力をふだんからしているから、わたしが知らないような道を通って家に帰ることができるわけです。だからいつもぼんやり歩いている人間様よりも、オレオのほうがずっと注意深く、いざというときに力を発揮できる、ということになるのでしょうね。

優先席にご案内！

目がかなり不自由になってからも、わたしは電車に乗ったときに、優先席にはほとんど座りませんでした。よく乗る時間帯はラッシュ時ではないし、別に座れなくても気にしなかったからです。オレオと一緒に乗るようになっても、最初はそうでした。オレオだって「優先席というシートがある」ことを知らなかったと思います。

でもオレオは、必ずわたしを座らせようとは努力しました。空いている席を見つけては「座りなさい」というように合図をするのです。そうされたらわたしは素直に座り、「グッド」とほめて、「オーちゃん、ありがとう」と感謝していました。そのうちたぶんわたしが何かの拍子で、「オーちゃん、優先席に行こう」と言ったのでしょうね。それに乗客や車内のアナウンスが「優先席」と言うので、その言葉を学習したのだと思います。

あるいは、あのマークをおぼえたのかもしれません。とにかく「車両の両端の席は、いつもすいている」と思ったのでしょう。高齢者が多いというのも学習したのではないでしょうか。乗車すれば優先席に連れて行くようになったのです。しかもそこに行けば、座っている人が席を譲ってくれることもおぼえてしまいました。ときには座っている人をじーっと見つめるのだそうです。

そうされたら、立たざるを得ないですよね。オレオがそうしたせいで席を譲ってくださった方々には、この場を借りてお礼申し上げます。

細い道に停まっているバンをよけて…

視覚障害者は狭いところが苦手です。あるとき、細い道にかなり大きな白いバンが停車していて、わたしはそのバンの脇をすり抜けて通らなければならないことがありました。バンの反対側は民家の垣根です。そして垣根とバンの間は、1メートルくらいの幅しかありません。そこが短い階段になっています。バンのところまで来たとき、オレオがとまったので、察したわたしは「オーちゃん、車なのね？」と言いました。

バンの脇の短い階段を昇らなければなりません。こういう場合、ふつうはオレオが先に行って、わたしがついていくのですが、オレオはそうしません。後ろでじっと見ています。わたしはハーネスから手をはなし、リードを持ち、白杖で階段を探りながら、一歩一歩昇って行きました。そして昇り切ったとき、「オーちゃん、大丈夫だよ。ＯＫよ」とオレオに告げたのです。そのわたしの言葉を聞いてから、オレ

オがすっとそばに来ました。
「オレオはすごい！」。だって小さい子どもが危なっかしく歩いているのを、親が後ろで心配しながら見ている感じなのですから。それで思い出したのは故郷のことです。家の近くに、幅が1.5メートルほどの小さな木の橋がありました。子どもが渡っても揺れる橋です。幼いわたしが渡るのを、母は橋のたもとでよく見ていてくれました。そしてわたしが渡り切ると自分も渡って来て、ほめてくれたものです。オレオは、母と同じ気持ちで見ていたのでしょうね。

ベンチで休憩、そしてヨーグルト

わたしは、よく駅に置いてあるベンチで休憩します。わたしと一緒に行動するようになって、オレオはすぐそのことを知りました。駅のベンチでは座って休憩するのだ――とおぼえ込んだのでしょうね。駅にベンチがあれば、座らせようとします。

友人と一緒に電車に乗るので駅に向かっていたときのこと、ある場所でオレオが動かなくなりました。「このあたりにベンチがあるんじゃない？」とわたしが訊くと、友人は「あるある、あそこに赤いベンチが並んでいるわ」と言います。それを見てオレオの頭の中には、〝休憩〟のイメージが浮かんだのだと思います。

またベンチでの休憩中に、オレオにヨーグルトを与えたことがあったらしいのです。それ以来ベンチでは、ヨーグルトが飲めるものだとオレオは思い込んでいるみたいです。

拭《ふ》いてもらうときの気遣《きづか》い

自分で言うのはおかしいかもしれませんが、わたしはきれい好きです。だからオレオにも清潔でいてもらいたいと思っています。そこで、毎日熱いお湯にタオルを浸して固く絞り、オレオの全身を拭きます。外に出た日は特に入念に。最後には必ず脚を拭きます。でもあるとき、わたしはひどいギックリ腰になっていました。なので、オレオの片方の半身を拭いて、次に反対側を拭くとき、大きいオレオにかぶさるようにしようとしたのですが、腰が痛くてうまくいきません。それをオレオは感じて、わたしが拭きやすいよう、くるっと身体を回転させ、向きを変えたのです。気遣いですね。

それにオレオはマッサージも好き。身体を拭き、ブラッシングをした後はマッサージ。もちろんわたしがオレオにするのです。終わると気持ちよさそうにノビをします。最後は顔をキレイキレイしておしまい。オレオは安心してずっとわたしに任せています。

大勢の中でも冷静です

目が不自由になると、人ごみにというか、大勢の人の集まるところに出かけるのが億劫《おっくう》になりがちです。でもわたしは、そう思ったことはありません。歌手ですから、大勢の人たちの前で歌うのが仕事です。少人数より大勢大歓迎です。また多数の方々が集まるにぎやかなところも嫌いではありません。だからオレオをコンサートにも、ディナーショーにも、デパートにも、パーティにも連れて行きます。

でも一緒に暮らしはじめたころは、ちょっぴり不安がないでもなかったのです。オレオがもし騒いだり、吠えたりしたらどうしよう…と。それでまず、ある団体の大会に連れて行きました。訓練士さんも一緒に来てくださいました。

1千人は入る大きな会場で、満員の来場者です。当然、初めて盲導犬を見た方もたくさんいらっしゃったでしょう。その意味でオレオは注目の的でした。そん

な雰囲気の中で、彼女はうんともすんとも言わず、まったくふだん通りの態度で、会が終わるまでじっとおとなしくしていました。
　終わって「アップ」と言ってオレオを立たせ、会場を後にしたときは、訓練士さんも満足そうでしたし、わたしもほっとしました。むろん最初から、問題ないはずと確信していましたが。会場から出る際、会の方から「また来てくださいね」と声をかけていただきました。たぶんその方も、最初は心配をされたのでしょうね。

駅長さんに感心されました

しばらく前のことですが、盲導犬を連れた男性が地下鉄の駅のホームから落ちて亡くなる事故がありました。あの事件についてはわたしなりに考えました。健常者の方が良かれと思ってしていること、例えば駅のアナウンスで「盲導犬を連れている方、危険ですよ」と呼びかけることなどですが、障害者のほうは、何が危険なのかわかりません。そこにお互いのギャップがあるのじゃないかしら、と思ったのです。

そこで、事故からそれほどたっていない日に、最寄り駅の駅員の方にそれを申し上げ、「障害者の立場で、1度目隠しをして、あるいは車いすで、駅を行ったり来たりなさってはどうでしょうね」と提案したのです。駅員さんはお忙しかったのでしょう、軽く「ハイハイ、わかりました。上の者に言っておきます」とお答えになったのです。その言い方を、わたしはちょっとぞんざいな態度と受け取りました。でもその場はそれで終わりました。

翌日用事があって、またその駅を利用しました。そして帰りに同じ駅についたときのことです。前日はガイドさんが一緒でしたが、その日はわたしとオレオだけでした。そこに大きい人と小さい人の二人の男性が、向こうから走ってこちらに向かってきました。いえ、こういう場合、視覚障害者はそう感じてしまうのです。知らない人が、突然すごい勢い（のように感じるのです）でこちらに来ると、よく見えないので何者かわからず、おびえてしまいます。その瞬間、オレオはさっとわたしの前に出て、わたしを守る態勢になりました。

でもこのお二人は怪しい人ではなく、駅員さんと駅長さんでした。昨日のことがあったので、駅長さん（大きい人のほう）は、駅員さんに「その盲導犬を連れた女性が、帰って来てこの駅についたら、知らせてくれ」とでも命じておいてくださったのではないでしょうか。行くときは時間がないですからね。

そして駅長さんはごあいさつされ、提案へのお礼を言われました。わたしは感心しました。また駅長さんはこうもおっしゃいました。「このワンちゃんはすごいですね。さっきから自分のヒザを、お尻で押しているんですよ。守っているのですね」と。

　オレオの行為は、駅長さんを感心させたのです。それはとにかく、駅というのは、視覚障害者に緊張を強《し》いる場所です。でもこういうことの一つひとつが重なって、鉄道関係者の方々の身障者に対する理解が進んでいくとうれしいです。それと、プラットホームの改善も進めるべきでしょう。地下鉄銀座線の場合などとても幅が狭く、歩くのに苦労します。でも東京パラリンピックも開催されることですし、いろいろ改善はされていくと思います。

オレオのお風呂

毎日身体を拭き、ブラッシングもしていますが、それだけでは本当にきれいで清潔にはなりません。やはりお風呂に入れないと…。うちのお風呂は狭いので、最初のころは盲導犬協会のお風呂に入れていました。でもわたしが洗うと4時間もかかり、クタクタになってしまうのです。毛が何重にもなっているので、一度乾かしても、またじわっと濡れてくるからです。そこで今はお友だちのトリマーさんにお願いしています。

習志野市のワンワンショップ・ベラミというお店です。ちょっと遠いのですが、安心できるのが何より。ペットの施設などにお願いする人もいるようですが、中には質の悪いサービスしかしないところもあると聞くので、お友だちに頼んでいます。彼女が洗ってくれると、短時間でうまくやってくれますし、ガラス張りなので、オレオが洗ってもらっているのを見ることができ、わたしも安心です。

責任感の強いオレオ

オレオは有能な盲導犬であるだけに、自分がミスをしたと思うと、気の毒なほどシュンとしちゃうのです。まだうちに来て間もないころ、一緒に外出しました。その日から近所で水道かガスの工事がはじまったようで、昨日まではふつうに通れた道に、かなりの段差ができていました。わたしは知らずに段差にひっかかり、転んで骨折してしまったのです。

オレオはそれを自分の責任だと感じたのでしょう、見るからにしょげてしまいました。「オーちゃんのせいじゃないよ。大丈夫、大丈夫」。わたしは一生懸命、オレオの責任ではないと話しかけたものです。

またある日、JR新橋駅付近で、オレオにワンツーをさせるために一緒にいたガイドさんに荷物を渡して、わたしはリードを持って歩道の隅を歩いていました。す

ると何か障害物があり、それに当たって
わたしは倒れました。そのときガイドさんは、何かに気を取られていたようで、わたしを見ていなかったのですね。
　何とか地下鉄に乗ろうとしたのですが、歩けなくなりました。オレオはシュンとしおれてしまいました。ガイドさんも「オーちゃんのせいじゃなく、見ていなかったわたしが悪いんだからね」と、オレオに話してくれました。
　わたしもそう言い、それでオレオもやっと気を取り直して、みんなで帰ったことがあります。

歩きスマホは危険です！

目が不自由になると、他の感覚は鋭くなります。人の気配などには敏感になりますね。でもやはり限界があります。それだけに健常者の方の、視覚障害者への理解が進むとありがたいと思います。同情ではなく、理解です。

わたしは割に大胆なほうで、左側にオレオがついていてくれて、右手に白杖を持っていれば、だいたいのところは歩けました。それでも人ごみを歩くときには、神経を張

りつめたものです。そういうところではほとんどの人が、よほど近くに来ないと、視覚障害者にも盲導犬にも気がつかないからです。目の不自由な者が白杖を持って歩いていれば、かなり目立つと思われるかもしれませんが、大勢の人でごった返している場所ではそういきません。また盲導犬にしても目立つわけではありません。第一、犬は体高がありませんから、人の間に埋没してしまうのです。

またこの2~3年、特に危険なのが、歩きスマホ。駅のアナウンスでもポスターでも、さかんに「歩きスマホはやめましょう」と呼びかけていますが、効果がないですね。とにかくわたしたちは、向こうから来る人がしっかり前を向いて歩いているのか、スマホを見ながら周囲にはまったく注意を払っていないのか、判断しようがないのです。それで何回かぶち当たった経験から、新宿駅などに行ったら、「すみません、すみません」と大きな声を出して歩くようにしていました。スマホに夢中な人がオレオに気づいてくれず、彼女がケガでもしたら大変なので、人ごみではオレオの顔よりも前に白杖を出して歩くようにしていたほどです。

良くしてくれるお店が好き

オレオとは、いろいろなお店に入ります。オレオにはお気に入りのカフェや喫茶店が結構あるのです。どういうところが好きかと言うと、当然のことながら「良くしてくれるお店」です。そんなお店のそばに来ると、「アーちゃん、行こうよ」という感じで、わたしを引っ張って入ろうとします。千石のあるファミレスやカフェの「キャピタルコーヒー」では店員さんともおなじみで、そばまで来たときは必ず入店しようとします。

巣鴨に「伯爵《はくしゃく》」という喫茶店がありますが、ここも大のお気に入り。昭和の感じがするレトロな雰囲気が何とも言えないお店です。出かけるときに「夕ご飯は伯爵でね」と言っておくと、必ず夕方にはお店の前でピタッと止まって動きません。

でも、伯爵の前を通っても、いつも寄っていけるとは限りませんよね。あるとき、友だちと池袋で待ち合わせをしていました。巣鴨は通るけれど、伯爵には入れません。

それで「ごめん、オーちゃん、今日は時間がなくて寄れないのよ」と話して、待ち合わせ場所に急ごうとしました。でも巣鴨には別のオレオお気に入りの店もあるのです。駅の上のおいしいパンとコーヒーのお店です。そこに入ろうとします。あわてて「オーちゃん、今日はダメなの。でも帰りには寄ろうね」と、止めなくてはなりませんでした。

こういう場合、帰りに巣鴨についたときには、必ずそのパンのお店に入ります。そうしないと納得しませんから――。約束したら必ず守らなければなりません。

冷たくされたら、抗議してよ！

現在、都市部のお店では盲導犬への理解が進んでいますから、入店を断られるようなことはなくなりました。でも地方では、いい顔をしないお店をときどき経験します。地方のあるファミレスでのことです。店員さんが、「犬はお断りしています」と告げました。「いえ、盲導犬ですから」。たぶんこの人、盲導犬について知識がなかったのでしょう。「では店長に聞いてきます」と引っ込みました。店長が何と言ったか知りませんが、そんなやり取りが3回続きました。ともかく入って食事をしましたが、イヤな雰囲気は残りました。オレオは、このやり取りをじっと見ていました。

その夜、寝ているオレオが「ウィーン」と、怒っているような唸り方を3回しました。ふだんはまったく唸らないのに。すぐに「昼間のファミレスでのこと、思い出している」と感じました。悔しかったのかもしれません。

これも地方のファミレスでの話。夜の11時ごろ、友だちと姉とわたしで入店したのです。遅いので周囲には誰もいませんでした。ところが店員さんは通るたびに、「お客様がお通りになるとき邪魔になりますから、もっと奥へ」と3回も言ったのです。友だちは怒って、「あなたじゃなく、上の人を呼んでください」と言いました。過去には、こういうことがよくあったのです。でもそう言われたら、お互いにいやな思いはしますが、きちんと「盲導犬の同伴は、法律で認められている」ことを、お店に言うべきなのです。その積み重ねで、お店側にも理解が進むのですから…。

あるとき「入店お断り」と言われ、説明するのも面倒だと思ったわたしは、「ああ、そうですか」と返事をしてお店を出ました。外に出たところで、オレオの様子がおかしくなりました。動こうとしないのです。「どうしたの、オーちゃん」と言ってから、わたしは、理解しました。そして「そうだったね。何も言わずに出てしまったね。ごめんね」と謝りました。オレオは理不尽な扱いを受けたのに抗議してくれないわたしに、抗議していたのではないでしょうか。

大震災のとき、頼りがいのあったオレオ

東日本大震災の日、わたしは東京にいたので被害にあったわけではありませんが、あまりにも印象が強いのでよくおぼえています。あの日は、関係のある団体の映画上映会に行きました。オレオも一緒です。映画は午後2時からはじまり、4時に終わる予定でした。オレオは映画館で映画を観た経験もありますし、2時間くらいの映画なら、いつもであればおとなしくしています。

ところがはじまって20分ほどしたときに、「ウー、ウー」と、何とも表現できない、今まで聞いたことのない唸り声をあげはじめました。わたしは驚いて、「どうしたの？お腹が痛いの、それともワンツーなの？」と訊いたのですが、相変わらず「ウー、ウー」をやめません。後から考えると、地震は午後2時46分に起きたので、オレオが異変に気づいた（そうとしか考えられません）のは、その20分も前だったわけです。

「ダメよ、ダメよ」と唸り声を止めようとしたら、オレオはくるっと上向きになってお腹を出しました。これは「アーちゃん、わたしは大丈夫。調子が悪いのでも、うんちがしたいのでもないのよ」という合図です。「そう、大丈夫なのね」と言うと、元の姿勢に戻りました。でも「ウー、ウー」は続けています。

すると突然、パシャパシャという音がして、天井のシャンデリアがすごく揺れ、「アッ」と思ったら、ガシャガシャガシャン――ときたのです。わたしはオレオにつかまりました。というより、思わず抱きついたのです。周囲では、目の不自由なわたしを気遣い、声をかけてくださる方もいたので、わたしは「大丈夫です。大丈夫です」と言いながらオレオにつかまり続けていました。

一方オレオは、微動だにしない。1ミリも動きません。4本の脚を踏ん張って、揺れに耐えています。

そうやってどれほどの時間がたったのでしょう。やっと揺れが収まりました。会場では再びみんなが着席し、映画が上映されはじめました。そうしたらまたオレオが「ウー、ウー」と唸りだしたのです。「どうしたの?」と尋ねているうちに、またドーンと大揺れです。余震ですね。

それでも何とか映画が終わりました。会場にほっとした空気が流れたころ、知り合いの人たちが寄ってきました。「オレオちゃん、予言していたね。すごいね、この子」というわけです。会場には1千人からの人がいたでしょうが、オレオみたいに異変を告げた人、あるいは動物はいませんでした。

広い場所で「しらしんけん」に走る

東京の犬は、かわいそうです。思いきって走れないから…。オレオだって本来は、走るのが大好きです。オレオを育ててくださったパピーウォーカーの後藤さんのお宅は、湘南の葉山にあります。海がすぐ近くなので、よく浜辺を走ったり、夏は泳いだりしていたそうです。しかしわたしとの暮らしでは、そういう機会がほとんどありません。

でも3～4年前に、友だちが来て走らせてくれたことがありました。わたしは一緒に行かなかったのですが、彼女が近くのグラウンドにオレオを連れて行きました。オレオはわたしと歩くときはわたしに気遣い、安全を確認しながら慎重に歩きますが、健常者と一緒のときは活発に動き回ります。そのときは健常者と自分だけだし、また久しぶりに広い場所に来たのでうれしくなったのでしょうね、パーッと勢いよく走り出したのだそうです。

グラウンドには子どもを遊ばせているママ友たちが何人かおしゃべりしていたのですが、オレオはその横をビューっと走り抜けて行ったのだとか。友だちはその後を、「ごめんなさ〜い！」と叫びながら、自分も走ったと言っていました。

3年前、わたしの故郷の大分でもオレオは走りました。友だちと会い、オレオを連れて近くのグラウンドに行ったときです。友だちのご主人はもうその時点で亡くなっていたのですが、何年か前に、ここにオレオを連れてきてくれたそうです。オレオは喜んで、グラウンドを2周も走ったのだとか。それを聞いたわたしが「でも今はもう8歳だから、走れるかどうかわからんよね」と大分弁で言ったのです。

ところがそれを聞いたオレオは、リードを振り放してパーッと走り出しました。馬が走るみたいでした。耳は後ろに流れ、身体は地面と平行になっているのじゃないかと思うほど、飛ぶように走るのです。こういうように、一生懸命に何かすることを、大分弁では「しらしんけん」と言いますが、まさにオレオは、しらしんけんに走っ

たのです。
8歳で無理だ――と言われたので、「まだ走れるわよ」というところを、わたしたちにアピールしたのでしょう。わたしは「しらしんけんに走りよるな」と友だちに言いながら、オレオがいじらしくなりました。感動もしていました。
慣れないことをしたオレオは、さすがに「ハァハァ」となっています。この子は人が言うことを、何でもわかっているのだなと思いながら、わたしは荒い息遣いをしているオレオの頭をなでていました。

脚の痛いわたしを、接骨院に連れて行く

オレオが来て2年目の秋のある日。宇都宮のラジオ局に出演した帰り、わたしとオレオはバス停から家のほうに歩いていました。わたしは「オーちゃん、今日はよくやってくれたから、ごほうびに公園に寄ろうか」と話しかけました。でも歩いているうちに骨折した脚の古傷が痛み出し、「痛い、痛い」と言い出す状態になりました。それで思い直し、「ごめん、脚が痛いから、家に帰ってね」と言ったのです。

ところがオレオは家の前を通り過ぎ、信号待ちをします。「えっ、どこに行くの？」と思っていたら、信号を渡ってすぐ右の接骨院の前に止まりました。そしてそのドアを鼻先で押して入ろうとします。ここは以前、脚の治療に通っていたところです。わたしは本当にびっくりしました。それこそ「オレオは本当にDogなの？」と訊きたくなりました。

弱いオレオを見たことがない

犬はおびえると、その場から逃げる、耳を伏せてしっぽを身体の内側に入れる、固まって震えるなどのしぐさをします。でもわたしは、そんな姿のオレオを見たことがありません。オレオはつねに堂々と、冷静に、静かにしています。大物の風格があります。

盲導犬は、盲導犬になるための共通した訓練を受けますが、ユーザーが決まったあとは、そのユーザーの生活に即したルールを学習していきます。専業主婦の人とサラリーマンの人とでは、生活のリズムも様式も違いますから。わたしの家では、一般のご家庭より「音が多い」という特色があります。職業が歌手だからです。その点で助かったのは、オレオが音を怖がらないことです。ビッグバンドの大きな音にも平気です。鈍感なのではなく、音に敏感だからこそ、音楽なら平気なのだと思います。

お友だちのワンちゃん

もともとオレオは、人にも犬にもフレンドリーです。でもハーネスをつけている仕事中は、あえて無関心をよそおい、通りすがりのワンちゃんに関心を示すことはありませんでした。そしてわたしの安全確保に全力をあげてきました。

あるとき巣鴨の駅で、向こうから盲導犬を連れた人が来たことがあります。その人とわたしは少し言葉を交わしました。すると犬同士も、何やらコミュニケーションを取っているのです。「大変ですね」「お互いに、苦労するねえ」などと言い合っていたのではないでしょうか。白い雄の犬でした。犬同士は、お互い盲導犬であることがわかっているとわたしは思いますが、どうなのでしょう。

ご近所には、オレオのお友だちが3匹います。1匹は「まる子ちゃん」という茶色のポメラニアン。モコモコしていて、とてもかわいらしいワンちゃんです。わたしは「ち

びまる子ちゃん」と呼んでいます。もう1匹はクッキーちゃんで、黒い柴犬です。そして最初はそうでもなかったけれど、今では仲良くなったカプリちゃんがいます。
　カプリちゃんはオレオと同じラブラドール・レトリーバーで、オレオを見かけた飼い主の奥様が最初に声をかけてくださいました。「何という名前？」「オレオです」「オレオちゃんは脚が長くていいわね」という会話からお付き合いがはじまりました。はじめのうちカプリちゃんは吠えたのですが、今ではおとなしくなり、オレオの良いお友だちです。

お母さんの顔

知り合いの方の愛犬が検診を受けるので、わたしがお世話になっている動物病院にご案内したことがありました。そのご夫婦とワンちゃん、そしてオレオとわたしで車に乗りました。ワンちゃんはまだ赤ちゃんの子犬です。わたしは前の席にいました。ワンちゃんとオレオ、奥様が後ろのシートです。

しばらくして奥様が感心したように言いました。「まあ、オレオちゃんがお母さんの顔になっている」と。オレオが子犬をじっと覗き込んで、優しい顔をしていたからです。この奥様には、オレオのことをお話ししてあったので、彼女はなぜオレオがそういう顔つきになったのかを、ご存じだったのです。

実はオレオは子どもを産んでいます。だから車の中でかわいい子犬を見て、昔をふっと思い出したのではないでしょうか。

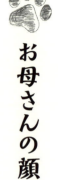

彼女は盲導犬として血統的に適性があると思われたので、8匹の子犬のお母さんになっています。そしてその後、盲導犬としての道を歩みました。これはとても珍しい例だそうです。いかに訓練士さんたちが、オレオの盲導犬としての適性を評価していたかがわかります。

だからオレオは、盲導犬になるための訓練を半年間くらいしか経験していません。1歳半のとき（2007年8月）に出産し、その後半年を経て、翌年1月から訓練に入り、2歳5か月でわたしのところに来ました。オレオの優しさは、そんな「母の経験」が理由かもしれません。

他の犬に吠えられても、すまし顔

オレオとわたしが道を歩いているとします。すると向こうから、飼い主を引っ張るような勢いで、攻撃的な犬が来ることがよくあります。その犬は「ワンワン」、あるいは「キャンキャン」と吠えたり鳴いたりします。オレオはどうするか？　何もしません。ただすまし顔で歩き続けるだけです。むろんオレオに限らず盲導犬なら、みんなそうするでしょう。そのように訓練されているのです。

でもせっかく向こうの犬がこちらに関心を示しているのに、無視するのは悪いような気が、わたしにはします。それでその犬のそばに行ったとき、「悪いね、ごめんね」と、謝るようにしています。

たまにはすれ違うときに、ワッと噛みつこうとする犬がいないではない。そういうとき、オレオはすっと逃げます。こちらからも攻撃するようなそぶりは、まったく見せません。内心ではどう思っているのか、わかりませんけれど…。

前に書いたように、オレオは本来、他の犬に対してフレンドリーです。だから初めのうちは、オレオのほうから寄って行こうとするようなこともありました。でも往々にして相手が吠えたりします。するとオレオはすぐに学習します。「そうね。あまりこちらから近づこうとするのは、考えものね」と感じたのでしょう。しばらくしてからは、道の反対側からいくらワンワン吠えられても、すましているようになりました。「偉いね、オーちゃん、グッド、グッド」。わたしはオレオをほめ、吠えた犬に謝るのです。

子ども好きのオレオ

小さな子どもの犬に対する態度には、3タイプがあります。1番目は犬におびえている子。2番目は触りたいけれど勇気がなくてできない子、もうひとつは、無防備に触ろうとする子、です。困るのは3番目の無防備な子。動物を知らないので、こちらが思いもしないことをするからです。あるとき、オレオに馬乗りした子がいて、「ごめんね、馬乗りはしないでね」と降ろしました。そういうときは別ですが、オレオは

子どもが好きだと思います。

最初はおびえていた子も、また触りたいけれど触れない子も、オレオがおとなしいのがわかると、おずおずと近づいてきます。触りたいと思っていても、お母さんの後ろに隠れている子には、「大丈夫よ。触ってごらんなさい」と言ってあげます。こんな場合、オレオにはハーネスを外させます。そうしないと子どもが触れないからです。「お尻を触ってごらん」と言うと、子どもは人差し指でチョンと触ります。「できたじゃない！　今度は頭を触ってね。こんな風に、かわいい、かわいいって」と見本を示すと、お母さんも触ってきます。もうこうなれば、前のほうにいって、なでることもできます。

オレオは、じっとしていて動きません。動くと、小さい子はぶつかって倒れてしまう危険性があるからです。それにしっぽは振りますが、しごく穏やかに振るだけです。勢いよく振るとすごい力で子どもに当たってしまうからです。子どもがすぐそばに近づくと、もう振るのをやめます。オレオが子どもを遊ばせているのです。

水たまりが嫌い

雪が好きな犬は多いでしょうが、雨が好きな犬はいないと思います。オレオも雨は嫌いでしょうね。その証拠に、水たまりが嫌いですから。

雨があがった日にオレオと歩くときは、気をつけなければいけません。自分は水たまりが嫌いなので、大回りして脚が濡れないようによけて歩きます。でもそのときに、わたしのことはあまり考えていないようです。だからよく、わたしは足を濡らしてしまいました。そのたびに「オーちゃん、水に入っちゃったじゃないの」と文句を言うのですが、こればかりは改善されませんね。不思議です。

でも水たまりではなく障害物なら、ちゃんとわたしに当たらないように気をつけて歩くのです。オレオでも気がつかないことって、あるみたいです。

3

オレオに守られ、わたしは歌う

わたしは歌手なので、舞台、ステージ、ディナーショーなどの仕事があります。
そこで歌うときも、オレオは一緒にいてくれます。
彼女は音楽がわかります(?)し、
お客様と交流するのも大好きです。
盲導犬と一緒に舞台に出て歌う歌謡曲の歌い手は、たぶんわたしだけでしょう。

盲導犬を連れた歌い手

昔から目の不自由な音楽家、歌手はたくさんいます。でも盲導犬とともに舞台に出る人は珍しいはずです。わたしが知る範囲では、テノール歌手の天野さんという方が、盲導犬とともに世界を旅されていると聞きました。でも盲導犬と一緒に同じステージに立つ演歌を歌う歌手は、わたしひとりだと思います。

オレオは２００８年７月に、わたしのところに来ました。その年の10月には、もう

オレオを舞台に立たせたのです。それまでにわたしは人が大勢集まるところや、そういう場所で行われる催しものにオレオをよく連れて行きました。どんなところでも、また人が大きな声を出したり、楽器が大音量で鳴ったりしても、オレオはびくともせず、おとなしくしていました。その経験から、「舞台でも大丈夫」と感じていたのです。

そしてオレオのデビュー。江戸川の会場でした。一緒に舞台の中央に出て、まず「シット」と言って座らせました。そしてごあいさつしました。「みなさん、こんにちは。このたび、盲導犬として一緒に暮らすようになったオレオです。よろしくお願いいたします」と。

コンサートの最後は『川の流れのように』です。「では最後に、『川に流れのように』を歌います」と言ったら、それまで座っていたオレオが立ちました。わたしはそのオレオを、抱くようにして歌ったのです。オレオの耳元で歌ったので、声はかなり響いていたと思いますが、オレオは最後までじっと立っていました。

今では、コンサートに来てくださる方の大半がオレオファンです。

舞台のわたしを守ります

今は昔ですが、オレオとの共同訓練がはじまって3日目の夜、「さぁ、寝ようか」と思っていたら、オレオがドアのところから離れず外を気にします。リードをしてエレベーターホールに行き、「ね、何でもないでしょ?」と言うと、階段の一番上でオレオは下を向き、「ウォッ」と低く唸りました。下で警備員さんが歩いていたのですね。このことを訓練士さんに告げると、「それは矢野（わたしの本名）さんを守ってい

たのではないでしょうか」ということでした。

オレオは共同訓練まで犬舎で寝ていたので、警備員さんの巡回など知らなかったのです。それで警備員さんを疑い、わたしを守ろうとしたと思われます。

そんなオレオですから、舞台で歌うわたしを守ろうとするのは、当然でしょう。まだオレオとしては舞台経験の初期のころ、それほど大きくない舞台で歌ったことがありました。中央で歌っていると、なぜかオレオがわたしの前に立ちます。事情がわからないわたしは、「すみません、オレオは目立ちたがり屋さんなので…」と言い訳しました。

するとお客様のひとりが、「違うのよ、あなたを守ろうとしているのよ」とおっしゃいます。わたしには見えないのですが、わたしのすぐ前はもう舞台の端だったのです。わたしは歌うとき前に出る癖があり、夢中でどんどん前に出て行って、危険なところまで来ていたらしい。だからオレオはわたしの前に出て、守ろうとしたわけですね。

「これ以上前に出ちゃだめよ」ということだったのです。

お客様に大サービス――ご祝儀のお礼やお見送り

三波春夫さんの「お客様は神様です」ではないけれど、オレオはわたしのお客様をとても大事にします。家にいらっしゃるお客様にもそうですし、コンサートに来てくださるお客様にも、きちんとお礼やごあいさつをします。

4年ほど前のコンサートで、わたしのトーク中にお客様がご祝儀袋を持って、舞台の下まで来られました。わたしには見えませんでしたが、そのときオレオはパッと立ち上がって、お客様に鼻をスリスリしたそうです。ご祝儀袋は司会の方が受け取ってくださいましたが、それを見ていた友人が言いました。「なんてすごいの、なんてかわいいの！」って。わたしは答えました。「ご祝儀へのお礼なんて、わたし、教えたわけじゃないのよ」。大笑いです。

わたしのコンサートは、アンコールを歌い終わるとおしまいではありません。ファン

の方がわたしに話しかけたり、握手をされるので、わたしはオレオと一緒にロビーでみなさんをお迎えします。久しぶりにお会いする方も多く、つい長時間になってしまいます。
　オレオもわたしの隣でしっぽを振って、ごあいさつをします。そしてオレオは、時間がないので先にお帰りになろうとするお客様も目ざとく見つけ、会場の出口まで追いかけてごあいさつしようとするのです。そんなオレオに引っ張られ、わたしも一緒に出口までお見送りすることになります。みなさんは人と犬のお見送りを受け、お帰りになるのです。

コンサートでは盲導犬のお話も

わたしのコンサートは、2006年以後はすべて「盲導犬育成チャリティーコンサート」にしています。盲導犬の貸与を日本盲導犬協会に申請したころから、盲導犬の数が絶対的に不足していること、そのために多くの視覚障害者が貸与を待っていること、そして何より、盲導犬の育成には、長い年月と多額の資金がいることを知って、わたしなりに何かできることはないかと考えたからです。

そしてコンサート会場には、日本盲導犬協会の募金箱を置き、みなさまにご協力をいただけるようにしています。もちろんチャリティーですから、みなさまからいただいたチケット代の一部を、日本盲導犬協会に寄付させていただいています。

またコンサートでは、盲導犬の仕事についてお話しします。本書に出てくるようなオレオとのエピソードも入れて、盲導犬をご理解いただけるように工夫しています。

『アベ・マリア』のイントロで立つ

ある日、オレオと一緒に知り合いの外国人男性歌手のディナーショーに出かけました。ご招待されたのです。こういう場所にオレオは慣れていますから、おとなしく歌を聴いていました。スペインの歌などが多く、なかなかの出来でした。

ステージが進んで、やがて曲は『アベ・マリア』に。シューベルトの曲です。イントロがはじまったら、オレオがむくっと立ちました。わたしはあわてました。お客様はむろん静かに聴いています。「あれっ、オーちゃん、どうしたのよ」。わたしは小声でオレオに言いました。そして「そうか」と納得しました。シューベルトの『アベ・マリア』は、わたしもレパートリーにしているのです。そのイントロが鳴ったので、オレオは「アーちゃん、出番よ！」と思って、立ち上がったのに違いありません。

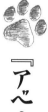

わたしの緊張をほぐしてくれます

ふつう動物と舞台に出る人は、動物が緊張して失敗するのじゃないかと、心配するのだと思います。でもわたしとオレオの場合は、逆のような気がします。つまり、いつもオレオが「アーちゃん、固くなって失敗しないといいけど…」と案じているのじゃないでしょうか。オレオに訊いてみたいと思っていますが。

わたしが舞台でコチコチになっているな――オレオがそう感じたときは、どんな行

動をとると思われますか？　お腹を出して、舞台上でごろんとなってしまうのです。これで客席は湧きます。するとその笑い声で、自然にわたしの緊張感がほぐれていきます。オレオは心理学者です。

また、コンサートがはじまって間もないころは、どうしてもわたしに緊張感が残っています。それを見てとるとオレオは、寝たふりをします。わたしが「まだネンネしちゃダメよ」と言うと、もとに戻って座ります。それを見てお客様が笑ってくださる。わたしもくつろいでお客様との距離感が縮まります。そんなオレオはまるで演出家です。

盲導犬はみんな同じような訓練を受けています。その意味では、どの犬もすることは一緒です。でも実際にユーザーが決まれば、その人の職業によって、いろいろな場面を経験することになります。わたしの場合は、それが舞台というちょっと特殊な場所なわけで、「舞台ではこうするんだよ」なんてオレオに教えた人は誰もいません。その応用問題を見事にこなしたオレオは、やはりすごいワンちゃんじゃないでしょうか。

『初恋』はまだ続いているのに！

石川啄木の顔写真は今でも記憶に残っていますが、素敵だと思ったことはありません（啄木さん、ごめんなさい）。でもその作品は心に響きます。ある年の大分でのコンサートのこと、プログラムに数曲、歌曲を入れました。その中に啄木の『初恋』（作曲：越谷達之助）がありました。難しい曲で、私は集中して歌っていました。

詞はもともと短歌なので、とても短いのです。

砂山の　砂に腹這《はらば》ひ　初恋の　いたみを遠く　思ひ出づる日

わたし海辺の育ちなので、この気持ち、わかります。少女時代のわたしをこう思ってくれた人がいたかもしれない——なんてね。短歌ですから何回か繰り返さないと、ひとつの曲になりません。この曲も、2回繰り返します。1回終わると2回目になるまでにピアノの間奏が入ります。しかし歌曲を聴き慣れない人には、その間奏が終わると、曲自体が終わったように思えてしまいます。そこで拍手をなさったお客様が何人かいらっしゃいました。

わたしは一瞬、「まずい！」と思って、声が出なくなりかけました。けれどピアノ伴奏の方がうまく処理してくださり、その場はなんとか切る抜けることができたのです。

このコンサートには元ＯＢＳ（大分放送）の有名なアナウンサー、千綾奉文《ちあやほうぶん》さんがいらしてました。

翌朝、その千綾さんが電話でこう教えてくださいました。「『初恋』の途中で拍手がきたとき、ヤバイ、と思ったんだよ。ピアノの人

がうまくやってくれて助かったけど、オレオには参ったよ。オレオちゃんは音楽がわかるんだね。それまであなたのそばで「伏せ」をしていたのが、拍手がきたら立ち上がって、手をたたいた人たちに向かって目を三角にして抗議をしたんだ。『初恋』はまだ終わっていないのよ——と言いたかったんだな。あの子は超えてるよ！ こんなことがあったって、全国の人たちに教えるといいね。これほどの犬、いないよ」と。

見えないわたしは、そのことを知りませんでした。でも千綾さんのお話には、それほど驚きませんでした。前に書いた『アベ・マリア』のイントロで立ちあがったこともそうですが、オレオは音楽がわかっていると、わたしは信じているからです。

そういうオレオがいてくれるから、わたしはコンサートができます。あるコンサートで、好きな曲『花よあるがままに』を歌うとき、お客様にこう申し上げたことがありました。「恋する男性がいないので、オレオのことを思って歌います」と。半分ジョーク、半分本音です。

本書のタイトルのように『オレオは本当にDogなの？』と訊きたいわたしです。

オーちゃん、あそこに連れて行ってね

ふつうの歌手なら、イントロと同時に上手《かみて》から出て舞台中央に行き、お客様にお辞儀――なんて当たり前にできますよね。でもこれが、見えないわたしには難しいのです。

２００９年のコンサートは、かなり大きい舞台でした。通常、舞台には、歌手が立つべき場所にテープでＴの字が書かれていて、間違いの起きないようになっています。昔ならスタンドマイクだったので、少しくらい目が悪くても大丈夫でしたが、今はハンドマイクなのでＴの字も小さく書かれます。そのＴの字がわたしには見えませんでした。しかも舞台は大きいときています。

わたしはスタッフの若い方にお願いしました。「Ｔの字を、もっと大きくしていただけませんか」と。そのお兄さんは、気軽にわたしの希望通りにしてくれました。「ありがとうございました。面倒なことをさせちゃって…」と、わたしは感謝しました。

　するとオレオが、お兄さんのそばにすっと近づき、頬を寄せたのです。お兄さんは「いやぁ、ボク、犬を飼っているからわかるんですかね」なんて照れていました。わたしにはそのしぐさが「アーちゃんのためにしてくれて、ありがとう」と言っているように見えたものです。本当に気がつく子ですよね。

　あるとき、盲導犬を連れた歌手が登場――というサプライズ演出のため、お客様には何も知らせず、だからリハーサルもなく、

一発でTの字のところに行かなければならないことがありました。舞台中央付近にスポットライトが当たり、わたしとオレオはそこに行かなければならないのです。オレオはそんな練習をしたことがないし、スポットライトなんて知りません（たぶん）。

「頼むわね、あのスポットライトの中よ」と、わたしは言いました。スタッフは、「オレオちゃんの顔が締まっているよ」と言います。オレオなりに緊張していたのでしょう。でもわたしに鼻をすりつけてきました。「アーちゃん、わかったわよ」という意味です。

本番。オレオは一歩の無駄もなく歩き、スポットライトのところに連れて行ってくれました。「シット」で、ぱっと座ります。お客様が「ワ～ッ」とどよめきます。歌いはじめます。オレオはじーっとしています。歌い終わって「ありがとうございました」と頭を下げます。同時にオレオがピッと立つ。また会場は「ワ～ッ」と湧きました。

学習能力なら、盲導犬はみんな素晴らしい才能を持っているでしょう。でも応用力というのは、別の能力だと思います。オレオはそれにも優れているのです。

体調不良のわたしの舞台をサポート

もうオレオのエピソードを書くのも、最後になりました。これも、つらかったわたしを助けてくれた話です。

2013年のコンサートでは、前日から血圧が200近くに達し、苦しくてたまりませんでした。お医者様が出してくれたお薬はきついらしいので、飲まずに我慢していました。けれど頭痛はひどくなる一方で、熱まで出てきたのです。眠ろうとしても痛くて眠れません。「これを乗り越えないと、明日の成功はないわよ」と自分に言い聞かせ、熱と痛みに耐えていました。しかし朝の4時ごろ、ついに我慢できなくなり、お薬を一錠飲みました。ちょっと楽になったかな、と思ったらもう6時。汗びっしょりで脱水状態です。

そこにオレオが来て、わたしの頬に、自分の頬をペタッとくっつけたのです。「アーちゃん、大丈夫?・」という感じで。そのオレオの心配が、わたしにはわかりました。「大丈夫よ、アーちゃん、死んだって歌うけんな」と、こういうときはなぜか大分弁になります。オレオはご飯もワンツーも要求しません。本当はユーザーは、どんなに具合が悪くても犬のご飯の支度をしなくてはならないのですが、それも難しい状態でした。

やっと舞台には上がりましたが、マイクを持てません。しかたなく、スタンドマイクを用意してもらいました。でも急なことだったので、ずいぶん古い、脚が何本もついたものしか用意できませんでした。歌おうと近づくと、そのスタンドマイクの脚にわたしの脚がぶつかって、気になりますし、危険です。

そう思ったとき、オレオがスタンドマイクの脚の上に、ぱっと寝っ転がりました。だから歌っている私の足の先は、オレオのお腹の下に入ってしまいます。「邪魔だな」と思いましたが、次の瞬間に気がつきました。「こうすればわたしの脚がスタンドマイクの脚にぶつからず、安全に歌える」のだと。足先がオレオのお腹の下にあるので、それ以上進めないからです。いつもいつも、オレオには助けられてばかりです。

あとがき

この本は、風土社の渡辺太郎様がわたしのことをお知りになり、お声をかけてくださったことからはじまりました。本を出すなんて、思いもしないことでしたが…。

口述原稿を読んでもらいながら思っていたのは、「心」についてでした。わたしはオレオに巡り逢えて人生に希望を持つようになりました。オレオとの暮らしの中で、「物言わぬ動物だって、心をつくせばこちらの気持ちは通じる」ことを、学ばせてもらいました。でも人間同士は、ともすれば心を通じさせることを軽んじます。その結果、争いが絶えません。

その点でわたしは、もう目前に迫った東京オリンピック、パラリンピックに期待しています。それが単なるお祭りで終わらず、人々、いや全生物の「豊かな心」をはぐくんでくれたら、うれしいと思います。

本書は次の方々の絶大なご協力をいただいて、出版できるようになりました。ここに記して、心から御礼申し上げます。
栃木県宇都宮市　株式会社スタジオ奏カンパニー・松尾哲子社長様／「新しい自分に出逢いませんか」のコンセプトでトータル美容コンシェルジェをなさっている有限会社マル美（栃木県宇都宮市）代表取締役・平沼博美様／ライオンズクラブ国際協会333-B地区　4R-1Z　日光ライオンズクラブ第56代会長・川島慎太郎様と皆様／ライオンズクラブ国際協会333-B地区3R-2Zの皆様／東京都中野区在住の今泉孝様／東京都日野市　明星大学柔道部OB会会長・宮崎茂男様／明星大学柔道部監督・物江毅様／演歌界のNo.1ギタリスト・斉藤功様／オレオのパピーウォーカー、後藤良和様・敬子様／株式会社ほほえみ・青木剛様／高瀬デザイン設計室・高瀬眞委様／株式会社リアライズフロンティア・吾妻圭一様／風土社取締役・渡辺太郎様

それにお名前はあげませんが、長年わたしを支えてくださった「八汐由子&オレオを励ます会」の皆様や、大分県でわたしを応援してくださる皆様、本当にありがとうございます。

皆様に御礼申し上げて、本書のフィナーレにさせていただきます。

八汐　由子

八汐 由子（やしお ゆうこ）

本名：矢野由美子。大分県大分市に生まれ育つ。18歳で歌手を目指して上京。１９７１年、デビューするも不振に終わる。１９７４年、「全日本歌謡選手権」で10週連続勝ち抜き、第35代チャンピオンに。作曲家・船村徹の門下になり、１９７５年、コロムビアレコードから再デビュー。以後クラウンレコード、テイチクレコードで船村徹作品のオリジナルレコードを発表。しかし「網膜色素変性」が悪化し、歌手活動に支障をきたし、２００５年、日本盲導犬協会に盲導犬の貸与を申請。これまで行っていたコンサートをすべて「盲導犬育成チャリティーコンサート」に切り替える。２００８年、盲導犬オレオ号の貸与を受ける。以後、オレオとともに「盲導犬育成チャリティーコンサート」を随時開催し、盲導犬への理解を広める活動を展開している。

ホームページ　http://www.yashioyuko.8755.jp

オレオは本当にDogなの？
視覚障害者の歌手とパートナー犬のものがたり

二〇一八年二月三日　第一版第一刷発行

著　者　八汐 由子
発行者　山下 武秀
発行所　株式会社　風土社
〒一〇一―〇〇六五
東京都千代田区西神田一―三―六
UETAKEビル三階
電話〇三―五二一八―九五三七(代)
印刷所　モリモト印刷株式会社